U0632168

张翔讲民法

张 翔/编著 　厚大出品

乘长风帆济沧海

张翔

 中国政法大学出版社

把每一个黎明看作生命的开始

做法治之光

——致亲爱的考生朋友

　　如果问哪个群体会真正认真地学习法律，我想答案可能是备战法考的考生。

　　当厚大的老总力邀我们全力投入法考的培训事业，他最打动我们的一句话就是：这是一个远比象牙塔更大的舞台，我们可以向那些真正愿意去学习法律的同学普及法治的观念。

　　应试化的法律教育当然要帮助同学们以最便捷的方式通过法考，但它同时也可以承载法治信念的传承。

　　一直以来，人们习惯将应试化教育和大学教育对立开来，认为前者不登大雅之堂，充满填鸭与铜臭。然而，没有应试的导向，很少有人能够真正自律到系统地学习法律。在许多大学校园，田园牧歌式的自由放任也

许能够培养出少数的精英，但不少学生却是在游戏、逃课、昏睡中浪费生命。人类所有的成就靠的其实都是艰辛的训练；法治建设所需的人才必须接受应试的锤炼。

应试化教育并不希望培养出类拔萃的精英，我们只希望为法治建设输送合格的人才，提升所有愿意学习法律的同学整体性的法律知识水平，培育真正的法治情怀。

厚大教育在全行业中率先推出了免费视频的教育模式，让优质的教育从此可以遍及每一个有网络的地方，经济问题不会再成为学生享受这些教育资源的壁垒。

最好的东西其实都是免费的，阳光、空气、无私的爱，越是弥足珍贵，越是免费的。我们希望厚大的免费课堂能够提供最优质的法律教育，一如阳光遍洒四方，带给每一位同学以法律的温暖。

没有哪一种职业资格考试像法考一样，科目之多、强度之大令人咂舌，这也是为什么通过法律职业资格考试是每一个法律人的梦想。

法考之路，并不好走。有沮丧、有压力、有疲倦，但愿你能坚持。

坚持就是胜利，法律职业资格考试如此，法治道路更是如此。

当你成为法官、检察官、律师或者其他法律工作者，你一定会面对更多的挑战、更多的压力，但是我们请你持守当初的梦想，永远不要放弃。

人生短暂，不过区区三万多天。我们每天都在走向人生的终点，对于每个人而言，我们最宝贵的财富就是时间。

感谢所有参加法考的朋友，感谢你愿意用你宝贵的时间去助力中国的法治建设。

我们都在借来的时间中生活。无论你是基于何种目的参加法考，你都被一只无形的大手抛进了法治的熔炉，要成为中国法治建设的血液，要让这个国家在法治中走向复兴。

数以万计的法条，盈千累万的试题，反反复复的训练。我们相信，这种貌似枯燥机械的复习正是对你性格的锤炼，让你迎接法治使命中更大的挑战。

亲爱的朋友，愿你在考试的复习中能够加倍地细心。因为将来的法律生涯，需要你心思格外的缜密，你要在纷繁芜杂的证据中不断搜索，发现疑点，去制止冤案。

亲爱的朋友，愿你在考试的复习中懂得放弃。你不可能学会所有的知识，抓住大头即可。将来的法律生涯，同样需要你在坚持原则的前提下有所为、有所不为。

亲爱的朋友，愿你在考试的复习中沉着冷静。不要为难题乱了阵脚，实在不会，那就绕道而行。法律生涯，道阻且长，唯有怀抱从容淡定的心才能笑到最后。

法律职业资格考试不仅仅是一次考试，它更是你法律生涯的一次预表。

我们祝你顺利地通过考试。

不仅仅在考试中，

也在今后的法治使命中，不悲伤、不犹豫、不彷徨。

但求理解。

厚大全体老师　谨识

2019 年 11 月

目 录 CONTENTS

第1讲 合同的订立

一、要约

要约，是要约人向受要约人作出的、愿意与之订立合同的意思表示。

（一）要约与要约邀请

要约邀请，是指诱使对方向自己发出要约的表示。要约邀请不是民事法律事实，不具有法律意义。要约与要约邀请的区分：

1. 原则性区分

（1）内容明确具体者，为要约；否则，为要约邀请。

（2）行为人未表示不愿接受约束者，为要约；否则，为要约邀请。

2. 法定的要约邀请形式

（1）寄送的价目表；

（2）拍卖公告、招标公告、招股说明书、债券募集说明书、基金招募说明书。

3. 商业广告的性质

（1）商业广告既有可能构成要约，也有可能构成要约邀请。商业广告

的性质，按照要约与要约邀请的原则性区分来界定，即内容明确具体，且表示者未表示不接受该表示约束的商业广告，为要约；反之，为要约邀请。

（2）构成要约的商业广告，受要约人一旦与该发布广告的人订立合同，广告内容即自动构成合同的条款。这意味着：

❶如果发布人未实现其在广告中的允诺，将构成违约；

❷广告人虚假发布广告，构成欺诈。

（二）要约的撤回与撤销

1. 要约的撤回

要约的撤回，是指要约人阻止要约的生效。

（1）"要约"与"要约的撤回"是要约人先后作出的两个意思表示；

（2）由于要约的撤回需以"要约尚未生效"为前提，故撤回要约的意思表示应当先于要约生效，或者与要约同时生效；

（3）撤回要约的意思表示生效时，发生要约撤回的效力。

2. 要约的撤销

要约的撤销，是指要约人撤销要约的效力。

（1）"要约"与"要约的撤销"是要约人先后作出的两个意思表示。

（2）由于要约的撤销需以"要约已经生效"为前提，故撤销要约的意思表示后于要约生效。

（3）原则上，撤销要约的意思表示到达受要约人时，发生要约撤销的效力。但是为了保护受要约人对于生效要约的信赖利益，在如下情况下，要约不得撤销：

❶受要约人已经作出承诺；

❷要约人在要约中明示不得撤销；

❸要约人在要约中规定了承诺期限；

❹受要约人有理由认为要约不可撤销，并已经作了准备履约工作。

（三）要约的失效

要约的失效，是指要约失效之后，其对要约人的约束力归于消灭，受要约人承诺的资格也就随之消灭。要约失效的事由包括：

1. 受要约人拒绝要约的通知到达要约人。

2. 要约人依法撤销要约。

3. 承诺期限届满，受要约人未作出承诺。

4. 受要约人对要约的内容作出实质性变更。

二、承诺

（一）受要约人有权承诺

1. 在要约人向不特定人发出要约的情况下，任何人均可作出承诺。

2. 在要约人向特定人发出要约的情况下，只有特定的受要约人方可作出承诺。

（二）通知承诺迟到

1. 迟发迟到

除要约人及时通知受要约人该承诺有效以外，该承诺为新要约。

2. 早发迟到

除要约人及时通知受要约人因承诺超过期限不接受该承诺以外，该承诺有效。

（三）承诺变更

1. 实质性变更

实质性变更的承诺通知，为新要约。

2. 非实质性变更

非实质性变更的承诺通知，除要约人及时表示反对或者要约表明承诺不得对要约的内容作出任何变更的以外，该承诺有效，合同的内容以承诺的内容为准。

（四）网络承诺的生效时间

当事人一方通过互联网等信息网络发布的商品或者服务信息符合要约

条件的，除当事人另有约定外，对方选择该商品或者服务并提交订单成功时，承诺生效。

三、依法需要审批的合同

1. 报批义务及相关违约条款独立生效

（1）须经行政机关批准生效的合同，当事人对报批义务及未履行报批义务的违约责任作出明确约定的，该约定独立生效。有报批义务一方不履行报批义务，另一方有权请求其承担违约责任。

（2）须经行政机关批准生效的合同，一方请求另一方履行合同主要权利义务的，法院应当向其释明，将诉讼请求变更为请求履行报批义务。经释明后当事人拒绝变更的，法院应驳回其诉讼请求，但不影响其另行提起诉讼。

2. 判决履行报批义务后的处理

（1）法院判决一方履行报批义务后，该当事人拒绝履行，经人民法院强制执行仍未履行，对方有权请求其承担合同的违约责任。

（2）一方依据判决履行报批义务，行政机关予以批准的，合同发生完全的法律效力；行政机关没有批准的，合同不具有法律上的可履行性，一方有权请求解除合同。

第❷讲 订立合同的人

一、法定代表人订立的合同

（一）代表行为与个人行为的区分

1. 法定代表人以法人名义实施的行为，是代表行为。

2. 法定代表人以自己名义实施的行为，是个人行为。

（二）表见代表行为

法人的实际代表人与登记的代表人不一致的，不得对抗善意第三人。在这里，"善意第三人"是指不知法人的实际情况与登记事项不一致，并相信法人登记的人。

（三）法定代表人行为的后果承受

1. 法定代表人所实施的代表行为，后果由法人承受。该项判断：

（1）不以该法定代表人存亡去留而改变；

（2）不考虑是否加盖公章、加盖的是否为假章、所盖之章是否与备案公章不一致等问题。

2. 法定代表人超越权限订立的合同，除相对人知道或者应当知道其超越权限的以外，该代表行为有效。需要注意的是，法定代表人擅自违反《公司法》第 16 条[1]的规定，为他人提供担保的，视为相对人应当知道法定代表人为越权代表。

---

〔1〕《公司法》第 16 条规定："公司向其他企业投资或者为他人提供担保，依照公司章程的规定，由董事会或者股东会、股东大会决议；公司章程对投资或者担保的总额及单项投资或者担保的数额有限额规定的，不得超过规定的限额。公司为公司股东或者实际控制人提供担保的，必须经股东会或者股东大会决议。前款规定的股东或者受前款规定的实际控制人支配的股东，不得参加前款规定事项的表决。该项表决由出席会议的其他股东所持表决权的过半数通过。"

二、代理人订立的合同

（一）代理权的滥用

代理权的滥用，是指代理人违反"以被代理人利益为出发点"的代理原则所实施的代理行为。其包括三种情形：

1. 自己代理

（1）含义。自己代理，是指代理人代理被代理人与代理人自己进行民事行为。

（2）效力。代理人自己代理的，未经被代理人追认，代理无效。

2. 双方代理

（1）含义。双方代理，又称"一手托两家"，是指代理人同时受交易双方委托，为双方的交易进行代理。

（2）效力。代理人双方代理的，未经被代理人追认，代理无效。

3. 恶意串通的代理

（1）含义。恶意串通的代理，是指代理人与相对人通谋损害被代理人利益的代理。

（2）效力。恶意串通的代理人、相对人，应对被代理人的损失承担连带赔偿责任。

（二）无权代理

1. 狭义无权代理

（1）概念与效力

❶概念。狭义无权代理，是指不存在表见事由的无权代理。

❷效力。被代理人是否承受该行为的法律后果，效力待定。

（2）被代理人的追认权、拒绝权

❶被代理人行使追认权，狭义无权代理行为自始有效，即被代理人自始承受该行为的法律后果。

❷被代理人行使拒绝权，狭义无权代理行为自始无效，即被代理人自

始不承受该行为的法律后果。此时，狭义无权代理行为在行为人与相对人之间产生约束力：

第一，相对人为善意的，即相对人与行为人实施法律行为时，不知道且不应当知道行为人无权代理的情况下，有权请求行为人履行债务或者就其受到的损害请求行为人赔偿。善意相对人请求行为人赔偿的，范围不得超过被代理人追认时相对人所能获得的利益。

第二，相对人为恶意的，即相对人与行为人实施法律行为时，知道或应当知道行为人无权代理的情况下，相对人、行为人的损失，按照各自的过错分担。

（3）相对人的催告权、撤销权

❶相对人的催告权

相对人的催告权，是指相对人告知被代理人情况，催告被代理人1个月内予以追认的权利。被代理人逾期未作答复的，视为拒绝。

❷相对人的撤销权

相对人的撤销权，是指相对人撤销其与行为人民事法律行为的法律效力的权利。相对人行使撤销权的条件有二：

第一，被代理人未表示追认；

第二，相对人无过错，即相对人与行为人从事交易时，不知道也不应当知道行为人无权代理。

相对人行使撤销权的方式为单方通知，无需诉讼或仲裁。相对人一经行使撤销权，狭义无权代理行为在相对人与行为人之间的约束力，自始无效。

2. 表见代理

（1）含义。表见代理，是指存在表见事由，相对人可以相信行为人享有代理权的无权代理。

（2）表见事由

❶表见事由常见的类型，为证书文件，如行为人持有被代理人的代理

授权书、介绍信、工作证、空白合同书、合同专用章等。这些证书文件必须是真实的，方能构成表见事由。

❷表见事由的类型，也不以上述证书文件为限。任何客观存在的事由，只要能够使相对人合理地相信行为人系有权代理的，均可构成表见事由，进而成立表见代理。

❸表见事由的法律意义，在于构成相对人信赖的基础，即可以使相对人相信无权代理人享有代理权。

（3）效力

❶表见代理有效。被代理人必须承受表见代理的法律后果，而不享有追认权、拒绝权。

❷被代理人承担有效代理行为所产生的责任后，可以向无权代理人追偿因代理行为而遭受的损失。

第3讲 合同的效力

一、无效合同

（一）无效事由

1. 一般无效事由

（1）无行为能力人未经代理所订立的合同。

（2）违法背德的合同，包括：

❶违反法律、行政法规的"效力性"强制性规定；

❷以合法形式掩盖非法目的；

❸恶意串通损害国家、集体、他人利益；

❹损害社会公共利益与社会公德。

（3）不当免责条款，包括：

❶当事人约定对造成对方人身伤害免责，或因故意或者重大过失造成对方财产损失免责，该约定无效。

❷不当免责的格式条款。其包括两类：

第一，提供格式条款一方不合理地免除或者减轻其责任、加重对方责任、限制对方主要权利；

第二，提供格式条款一方排除对方主要权利。

（4）未尽提示、说明义务的格式条款中的"正当免责条款"。

2. 特别无效事由

（1）买卖合同中的无效事由

❶出卖人故意或者因重大过失不告知买受人标的物瑕疵的，买卖合同中关于"出卖人免于承担品质瑕疵担保责任"的约定无效。

❷分期付款买卖合同约定，合同解除后，买受人已付价款不予退还

的，该约定无效。

❸出卖人未取得商品房预售许可证明，与买受人订立商品房买卖合同的，该合同无效。但是在起诉前取得商品房预售许可证明的，可以认定合同有效。

（2）民间借贷合同中的无效事由

❶出借人以非自有资金出借。"出借人以非自有资金出借"的认定：在签订借款合同时，出借人尚有欠款未还的，可以推定为非自有资金，但出借人能够举反证予以推翻的除外。

❷职业放贷人与他人订立的借款合同。职业放贷人，是指未依法取得放贷资格的、以民间借贷为业的组织或个人。职业放贷人的认定标准是，同一出借人在一定期间内多次反复从事有偿的民间放贷行为。

❸出借人事先知道或者应当知道借款人借款用于违法犯罪活动仍然提供借款的。

❹约定的利率超过年利率36%的，性质为高利贷，其超过部分的约定无效。

（3）租赁合同中的无效事由

❶违法建筑出租的，租赁合同无效。

❷经批准的临时建筑租赁合同，约定租期超过批准的使用期限的部分，无效。需要注意的是，在一审法庭辩论终结前，经批准延长使用期限的，延长使用期限内的租赁期间有效。

❸租期超过20年的租赁合同，或租期超过20年的续租合同，超过20年的部分，无效。

❹承租人转租的，除出租人与承租人另有约定外，转租期限超过承租人剩余租赁期限的部分，无效。

（4）建设工程合同中的无效事由

❶发包、分包、转包的无效事由

第一，肢解发包、分包；

第二，无资质、超越资质等级，但是建设工程竣工前取得相应资质等级，建设工程合同有效；

第三，没有资质的实际施工人借用有资质的建筑施工企业名义订立合同；

第四，建设工程必须进行招标而未招标或者中标无效；

第五，主体工程分包；

第六，未经发包人同意而分包；

第七，分包单位将其承包的工程再分包；

第八，转包。

❷发包人未取得建设工程规划许可证等规划审批手续的，建设工程施工合同无效。例外有二：

第一，发包人在起诉前取得建设工程规划许可证等规划审批手续的除外；

第二，发包人能够办理审批手续而未办理，并以未办理审批手续为由请求确认建设工程施工合同无效的，不予支持。

❸实质性变更中标合同的约定无效。

❹放弃法定工程优先权，损害建筑工人利益的，无效。

（5）担保合同中的无效事由

❶担保合同中约定的担保责任大于主债的部分，无效；

❷流质约款无效；

❸以占有改定设立动产质权的约定，无效。

（二）无效范围

1. 民事法律行为的无效事由，导致整个行为均具有违法性的，该行为全部无效。

2. 民事法律行为的无效事由，仅导致行为的一部分内容违法，而另一部分内容不具有违法性的，则该行为违法部分无效，合法部分依然有效。

二、可撤销合同

（一）可撤销事由

1. 欺诈

（1）欺诈的对象，仅限于"交易事项"，即一方用来与对方进行交易的事项，如交易内容、标的性质等；

（2）第三人欺诈的，只有在被欺诈方的相对人知道或者应当知道该欺诈行为的，受欺诈方才能享有撤销权。

2. 胁迫

（1）胁迫的本质，是通过威胁、强制手段，迫使对方当事人与之达成合意，强迫成交。因此，胁迫的成立，以对方当事人享有"不成交自由"为逻辑前提。

（2）第三人胁迫的，受胁迫方有权请求人民法院或者仲裁机构予以撤销。

3. 重大误解

重大误解的对象只包括如下三种情形：

（1）对交易性质的误解；

（2）对交易对象的误解；

（3）对交易标的的误解。

4. 显失公平

显失公平，是指一方当事人利用自己优势，或者利用对方的危难处境，致使双方的权利义务明显违反公平、等价有偿原则的行为。

（二）撤销期间

	撤销期间	
欺　　诈	主观标准，1 年	①客观标准，5 年，撤销权消灭
显失公平		
重大误解	主观标准，90 日	②撤销权可明示、默示放弃
胁　　迫	客观标准，1 年	

三、合同无效的后果

（一）返还财产

1. 含义

民事法律行为无效，一方当事人因该民事法律行为取得的财产，或获得的利益，应当返还给对方当事人。需要注意的是，民事法律行为无效的"财产返还"后果，不考虑当事人的过错问题。

2. 双务法律行为无效后标的物与价款的相互返还

（1）标的物与价款的相互返还，不计标的物的使用费，也不计价款的利息。换言之，一方的使用费与对方的利息，相互抵销。

（2）在标的物价值增值或贬值的情况下，其增值或贬值部分，应在当事人之间合理分配或分担。

（二）赔偿损失

1. 含义

民事法律行为无效造成财产损失的，有过错的一方应当承担由此造成的损失；双方都有过错的，应当各自承担相应的责任。该项责任的性质为"缔约过失责任"。

2. 赔偿损失与财产返还的关系

财产返还后，无过错方仍有不能弥补的损失的，可以进而主张赔偿。

（三）收缴财产

当事人恶意串通，损害国家、集体或者第三人利益的，双方当事人已经取得和约定取得的财产收归国家所有，或者返还给受损的集体、第三人。

关于法律行为无效的后果，需要说明如下两个问题：

1. 在合同无效的情况下，无过错方有权索赔的数额，不应超过若合同有效且履行，无过错方可以获得的利益。

2. 在民事诉讼中，当事人仅主张合同无效，但未主张相关合同无效的

后果时，法院应予释明。一审法院未予释明，二审法院认为应当对合同无效的法律后果作出判决的，可以直接释明并改判。如果返还财产或者赔偿损失的范围确实难以确定或者双方争议较大的，也可以告知当事人通过另行起诉等方式解决，并在裁判文书中予以明确。

第❹讲　合同内容的任意性规定

一、对合同标的质量的规定

（一）一般规则

当事人对合同标的质量要求未作约定，且无法通过合同的解释加以明确的，按照如下规定确定：

1. 按照强制性国家标准履行。没有强制性国家标准的，按照推荐性国家标准履行。没有推荐性国家标准的，按照行业标准履行。

2. 没有国家标准、行业标准的，按照通常标准或者符合合同目的的特定标准履行。

3. 债务人依照债权人的指示，向第三人交付标的物，债权人和债务人约定的检验标准与债权人和第三人约定的检验标准不一致的，以债权人和债务人约定的检验标准为准。

（二）凭样品买卖中合同标的质量的规定

凭样品买卖，是指以当事人约定封存的样品及对于样品的文字说明，作为质量条款的买卖合同。在这种买卖中，合同的质量条款由两部分组成：①样品；②对样品的文字说明。

1. 样品与文字说明不一致时的认定

（1）如果样品封存后外观和内在品质没有发生变化，以样品作为合同的质量条款；

（2）如果外观和内在品质发生变化，或者当事人对是否发生变化有争议而又无法查明，则以文字说明作为合同的质量条款。

2. 具有隐蔽瑕疵的样品的法律效力

（1）凭样品买卖的买受人不知道样品有隐蔽瑕疵的，该样品不得作为

合同的质量条款；

（2）此时，合同的质量条款应为"通常标准"。

二、对合同价格的规定

（一）借贷合同中的利息

1. 有偿借贷与无偿借贷的确定

（1）金融借贷合同为有偿合同。当事人在金融借贷合同中没有约定利息的，推定为有息借款，利率按照中国人民银行规定的标准确定。

（2）民间借贷，当事人"没有约定"利息的，推定为无息。当事人对于利息的"约定不明确"的：

❶自然人之间借贷，推定为无息。

❷自然人之间借贷之外的民间借贷，出借人主张利息的，推定为有息。法院应当结合民间借贷合同的内容，并根据当地或者当事人的交易方式、交易习惯、市场利率等因素确定利息。

2. 民间借贷合同利息的确定

（1）禁止预扣利息，即借款的利息不得预先在本金中扣除，否则，应当按照实际借款数额返还借款并计算利息。

（2）民间借贷合同中"高利贷"的认定

在民间借贷合同中，当事人约定利率的法律效力，存在如下"两线三区"：

❶当事人约定利率未超过年利率24%的，其约定有效；

❷约定利率超过年利率24%，未超过36%的，其约定为自然之债；

❸约定利率超过年利率36%的，性质为高利贷，其超过部分的约定无效。

（二）保理人的收益

1. 有追索权的保理合同

在有追索权的保理合同中，保理人从债务人处所受偿的应收账款债权额，扣除保理融资款本息和相关费用后有剩余的，剩余部分应当返还给应收账款债权人。

2. 无追索权的保理合同

在无追索权的保理合同中，保理人从债务人处所受偿的应收账款债权额，扣除保理融资款本息和相关费用后有剩余的，剩余部分无需返还给应收账款债权人。

（三）建设工程合同的工程款

1. 备案的中标合同

当事人就同一建设工程另行订立的建设工程施工合同与经过备案的中标合同实质性内容不一致的，应当以备案的中标合同作为结算工程价款的根据。

2. 若干建设工程合同当事人就同一建设工程订立的数份建设工程施工合同均无效，但建设工程质量合格的，一方当事人有权请求参照实际履行的合同结算建设工程价款。实际履行的合同难以确定的，参照最后签订的合同结算建设工程价款。

（四）委托合同、行纪合同、中介合同中的费用与报酬

1. 委托合同中的费用与报酬

（1）费用承担

❶无论委托事务是否完成，委托人均应当承担受托人处理委托事务的费用。

❷委托人费用承担的方式，为"预付"费用。受托人为处理委托事务而垫付必要费用的，委托人应当偿还该费用及其利息。

（2）报酬支付

❶有偿委托合同中，受托人完成委托事务的，委托人应当向其支付报酬；

❷有偿委托合同中，受托人未完成委托事务的，因不可归责于受托人的事由，导致委托事务不能完成的，受托人有权请求支付"相应"的报酬。

2. 行纪合同中的费用与报酬

（1）费用承担

行纪合同中，行纪人处理委托事务支出的费用，由行纪人负担。

（2）报酬支付

❶行纪人全部、部分完成委托事务的，委托人应当支付全部、部分报酬；

❷行纪人未完成委托事务的，委托人无需支付报酬。

3. 中介合同中的费用与报酬

（1）促成合同成立的：有权请求支付报酬，但是中介费用自负。委托人"跳单"的，视为中介服务完成，委托人需向中介人支付报酬。

（2）未促成合同成立的：无权请求支付报酬，但是有权请求委托人承担中介费用。

三、对履行期限的规定

（一）一般规则

当事人对合同履行期限未作约定，且无法通过合同的解释加以明确的，按照如下规定确定：

1. 债务人可以随时履行。

2. 债权人也可以随时要求履行，但应当给对方必要的准备时间。

（二）买卖合同的价金支付时间

买受人应当在收到标的物或者提取标的物单证的同时，向出卖人支付价款。

（三）借贷、租赁合同中的利息、租金的支付时间

1. 当事人有约定的，从其约定。

2. 借款、租赁期间不满 1 年的，应当在返还借款、租赁物时一并支付。

3. 借款期间 1 年以上的，应当在每届满 1 年时支付；剩余期间不满 1 年的，应当在返还借款、租赁物时一并支付。

（四）电子商务中交付时间的规定

1. 电子合同的标的为商品并采用快递物流方式的，收货人的签收时间为交付时间。

2. 电子合同的标的为提供服务的，服务凭证中载明的时间为交付时间。前述凭证没有载明时间或者载明时间与实际提供服务时间不一致的，实际提供服务的时间为交付时间。

3. 电子合同的标的为采用在线传输方式交付的，合同标的进入对方当事人指定的特定系统并且能够检索识别的时间为交付时间。

四、选择之债中对债务标的的确定

（一）选择权

1. 选择之债的履行，前提是当事人对所存在的多种标的作出选择，从而确定给付的对象。选择权的归属，当事人没有约定或约定不明的，归债务人。

2. 享有选择权的当事人在约定期限内或者履行期限届满未作选择，经催告后在合理期限内仍未选择的，选择权转移至对方。

3. 当事人行使选择权应当及时通知对方，通知到达对方时，债务标的确定。非经对方同意，确定的债务标的不得变更。

（二）选择之债的履行不能

1. 原则上，选择之债所存在的多种标的中，部分标的发生履行不能的，选择之债并不发生履行不能。只有在全部标的均发生履行不能时，选择之债才发生履行不能。

2. 可选择的债务标的之中发生不能履行情形的，享有选择权的当事人不得选择不能履行的标的。但是该不能履行的情形是由对方造成的除外。

五、融资租赁物的所有权归属

融资租赁合同期满或者无效的情况下，租赁物应返还给出租人，还是

归承租人所有，其判断规则是：

1. 原则

（1）有约定的，从其约定。当事人约定租赁期间届满，承租人仅需向出租人支付象征性价款的，视为约定的租金义务履行完毕后，租赁物的所有权归承租人。

（2）没有约定的，租赁物应当返还出租人。因租赁物毁损灭失等原因，致使承租人不能返还的，出租人有权请求承租人合理补偿。

2. 例外

在融资租赁合同无效的情况下，当事人没有约定租赁物的归属，租赁物应当返还出租人；但是返还出租人后会显著降低租赁物价值和效用的，由承租人取得所有权，并应对出租人进行合理补偿。

六、抵押登记中对担保责任的确定

1. 不动产登记系统仅有"被担保主债权数额"，只能填写固定数字。但担保合同中又约定担保物权的担保范围包括主债权及其利息、违约金等附属债权，致使合同约定的担保责任与登记不一致的，应以合同约定来认定担保物权的担保范围。

2. 一些省区市不动产登记系统设置与登记规则比较规范，担保物权登记范围与合同约定一致在该地区是常态或者普遍现象，人民法院在审理案件时，应当以登记的担保范围为准。

第**5**讲　合同的变动

一、连带之债的变动

（一）连带之债的内部分配与追偿

1. 内部份额

（1）部分连带债权人就实际受偿的部分，应当按照内部份额比例，向其他债权人分配。各连带债权人的内部份额难以确定的，视为份额相同。

（2）部分连带债务人向债权人履行的债务超过自己份额的，有权按照内部份额比例，向其他债务人追偿。各连带债务人的内部份额难以确定的，视为份额相同。

2. 连带债务人的追偿关系

（1）承担了超额债务的债务人享有债权人的权利，包括债权人所享有的担保权。但是不得损害债权人的利益。

（2）其他连带债务人对债权人的抗辩，可以向该债务人主张。

部分连带债务人对债权人抵销债务，其他债务人对债权人的债务在相应范围内消灭。该债务人可以向其他债务人追偿。

（二）部分连带当事人的债务免除

1. 部分连带债务人的债务被债权人免除的，在该连带债务人应当承担的份额范围内，其他债务人对债权人的债务消灭。

　　[例] 甲、乙、丙对张三享有连带债务 10 万元，内部约定各自比例为 3∶3∶4。现张三免除甲的债务，此时乙、丙对张三的连带债务额是多少？

　　回答 7 万元。

2. 部分连带债权人免除债务人债务的，在扣除该连带债权人的份额后，不影响其他连带债权人的债权。

[例] 甲、乙、丙对张三享有连带债权10万元，内部约定各自比例为3：3：4。现甲免除张三的债务，此时乙、丙对张三的连带债权额是多少？

回答 7万元。

(三) 部分连带当事人的混同

部分连带债务人的债务与债权人的债权同归于一人的，在扣除该债务人应当承担的份额后，债权人对其他债务人的债权继续存在。

[例] 甲、乙、丙对张三负连带债务10万元，内部约定各自比例为3：3：4。现张三死亡，张三对甲、乙、丙的10万元债权由甲继承。此时，乙、丙对甲负连带债务额是多少？

回答 7万元。

二、保理合同的基础变动

(一) 不存在基础关系的保理合同

应收账款债权人与债务人虚构应收账款作为转让标的，与保理人订立保理合同的，应收账款债务人不得以应收账款不存在为由对抗保理人，但是保理人明知虚构的除外。

(二) 债权人与债务人变动基础交易的限制

由于债权人与保理人订立保理合同后，应收账款债权已归属于保理人。故债务人收到债权让与通知后，又与债权人约定变更、终止基础交易的，对保理人不能产生不利影响。

三、债权让与、债务承担

（一）债权让与的一般原理

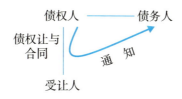

1. 债权人与受让人订立债权让与合同

（1）债权让与合同成立时生效；

（2）债权让与合同一经生效，债权人对债务人的债权，即转移至受让人。

2. 通知债务人

（1）通知债务人，是债权让与合同对债务人生效的条件。

（2）通知到达债务人时，债务人即应当对受让人（新的债权人）履行债务。通知到达债务人后，未经受让人同意，该通知不得撤销。

（二）债务承担的一般原理

1. 并存的债务承担

（1）含义：受让人加入债务人行列，与债务人承担连带债务的债务承担。

（2）要件

❶当事人订立并存的债务承担合同。

❷通知债权人。债权人有权在合理期间内拒绝受让人加入债务。

2. 免责的债务承担

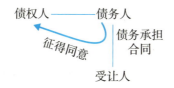

（1）含义：债务人与受让人订立债务承担合同，约定债务人将其对债权人的债务，转让给受让人的债务承担。

（2）要件

❶债务人与受让人订立债务承担合同。该合同一经成立，效力待定。

❷征得债权人的同意。

第一，债权人同意的，视为追认，债务承担合同自始有效，即从合同成立时，受让人就承担了债务。

第二，债权人反对的，视为拒绝，债务承担合同自始无效，即债务从未发生转让。

第三，债务人或者受让人可以催告债权人在合理期限内予以追认。催告后，债权人未作表示的，视为拒绝。

❸债务承担具有无因性。只要债务人与受让人订立了债务承担合同，并征得债权人的同意，债务就会发生转移。至于债务人与受让人订立债务承担合同的原因为何，在所不问。

（三）债权让与、免责的债务承担中的抗辩权延续

1. 前提

债务人对债权人享有抗辩权。

2. 债权让与

（1）债权人将债权让与给受让人，通知债务人的，债务人可继续对受让人主张抗辩权。

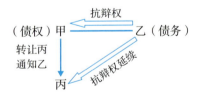

（2）诉讼当事人

因债权让与的抗辩权延续纠纷，诉讼当事人排列的规则是：

❶原告为受让人；

❷被告为债务人；

❸无独立请求权第三人为原债权人。

3. 免责的债务承担

（1）债务人征得债权人同意，将债务转让给受让人的，受让人可继续对债权人主张抗辩权。

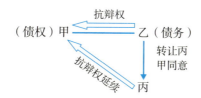

（2）因债务承担发生抗辩权延续的，诉讼当事人排列的规则是：

❶原告为债权人；

❷被告为受让人；

❸无独立请求权第三人为原债务人。

（四）债权让与、免责的债务承担中的抵销权延续

1. 前提

债务人对债权人享有抵销权。其要件是：

（1）债务人在另一法律关系中，对债权人享有债权；

（2）债务人对债权人的债权已经到期。

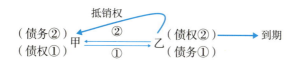

2. 债权让与

债权人将债权让与给受让人，通知债务人的，债务人可继续对受让人主张抵销权。

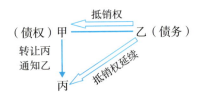

3. 免责的债务承担

债务人征得债权人同意，将债务转让给受让人的，受让人不得对债权人主张抵销权。

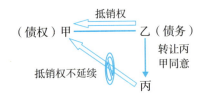

（五）当事人约定不得转让的债权

当事人约定债权不得转让的，应当从其约定。债权人违反约定，将债权转让给受让人的后果是：

1. 当事人约定非金钱债权不得转让的，不得对抗善意第三人。

2. 当事人约定金钱债权不得转让的，不得对抗第三人。

四、买卖合同的变动

（一）保留所有权买卖中出卖人的取回权

1. 出卖人取回权的条件

保留所有权买卖中，在标的物所有权转移前，买受人有下列情形之一的，出卖人有权取回标的物：

（1）未按约定支付价款的；

（2）未按约定完成特定条件的；

（3）将标的物出卖、出质或者作出其他不当处分的。

需要注意的是，与分期付款买卖不同，保留所有权买卖中出卖人的取回权，以其所保留的标的物所有权为依据。因此，出卖人取回标的物时，无需以解除买卖合同为前提。

2. 出卖人取回权的限制

在出卖人保留的所有权未经登记的情况下，买受人实施了对标的物的不当处分行为之后，第三人善意取得之前，出卖人有权取回标的物。但是，一旦第三人发生善意取得，即发生对抗出卖人所有权的效力，出卖人不得取回标的物。

3. 出卖人取回后的处理

（1）买受人的回赎权

出卖人取回标的物后，买受人有权在回赎期限内主张回赎，从而重新获得标的物的占有。买受人的回赎条件是：

❶买受人应当在回赎期限内回赎。当事人没有约定回赎期限的，由出卖人指定回赎期限。

❷买受人应当消除导致出卖人取回的事由。

（2）买受人逾期不赎的后果

出卖人取回标的物后，买受人未在回赎期限内回赎的，出卖人有权将标的物另行卖予他人，以所得价金受偿其在保留所有权买卖中未获清偿的债权。具体而言：

❶出卖人另行出卖标的物的，所得价款依次扣除取回和保管费用、再交易费用、利息、原买受人未清偿的价金。

❷仍有剩余的，应返还原买受人。

❸如有不足的，出卖人有权要求原买受人继续清偿。但原买受人有证据证明出卖人另行出卖的价格明显低于市场价格的除外。

（二）买卖标的物发生风险

1. 买卖标的物的风险承担规则之一：直接易手

（1）直接易手的形态

❶出卖人将标的物交付给买受人；

❷出卖人将标的物交付给买受人指定的第三人，如受托人、承运人。

（2）直接易手情况下的风险承担规则

❶当事人有约定的，从其约定。

❷当事人无约定的，风险承担如下：

第一，买卖合同+交货=风险转移；

第二，买卖合同+受领迟延=风险转移。

2. 买卖标的物的风险承担规则之二：间接易手

间接易手，又称"代办托运"，是指在买卖合同订立后，出卖人将标的物交予出卖人委托的第三承运人，由承运人将货物运抵买受人处或买受人指定之处的买卖标的物交割方式。间接易手情况下的风险承担规则是：

（1）出卖人将货物交予承运人时风险的承担

❶买卖合同当事人双方明确约定承运人的交付地点的，出卖人将货物交付给承运人时，风险不发生转移。待承运人将标的物运抵该地点，交付给买受人时，风险由出卖人转移给买受人。

❷买卖合同当事人双方未明确约定承运人的交付地点的，出卖人将货物交付给承运人时，风险由出卖人转移给买受人。在实践中，买卖合同当事人不明确约定承运人的交付地点的原因，通常在于买受人打算将承运人承运的在途货物出卖予第三人。

（2）在途货物买卖的风险承担

❶在途货物，是指由承运人正在运输途中的货物。出卖人与买受人订立的在途货物买卖合同一经生效，在途货物的风险即由出卖人转移给买受人。

❷在途货物买卖合同成立时，标的物已经发生风险的，买受人不承担该风险。

五、租赁合同的变动

（一）"买卖不破租赁"

1．"买卖不破租赁"的含义

（1）对于承租人而言，意味着第三人取得租赁物所有权后，承租人的租赁权不受影响，其依然可以按照原来与出租人之间租赁合同约定的条件，继续承租直至租期届满。

（2）对于第三人而言，意味着第三人取得租赁物所有权的同时，即发生了法定的债权债务概括承受。在出租人与承租人的租赁关系中，第三人取代了出租人的地位，成为了承租人的新的出租人。

2．"买卖不破租赁"的限制

（1）登记的抵押权，成立于租赁之前的，实行抵押权时，承租人不得对受让人主张买卖不破租赁的保护；

（2）租赁房屋，在出租前已被法院依法查封的，承租人不得对受让人主张买卖不破租赁的保护。

（二）第三人的继续承租权

承租人在房屋租赁期间死亡、宣告死亡的，与其生前共同居住的人或者共同经营人，可以按照原租赁合同继续租赁该房屋。

六、合同的解除

（一）一般法定解除权

1．不可抗力与情势变更

（1）因不可抗力导致合同履行不能的，当事人有权解除合同；

（2）因当事人订立合同时无法预见的重大变化，导致继续履行合同对于一方当事人明显不公平或者不能实现合同目的的，当事人有权以诉讼、仲裁方式，主张变更或解除合同。

2. 债务人违约

（1）期前拒绝履行

债务人在履行期限届满之前，以明示或默示的方式，表明其将不履行债务的，债权人有权解除合同，进而追究债务人的预期违约责任。

（2）迟延履行

债务人迟延履行主要债务，经债权人催告后，在合理期间仍不履行的，债权人有权解除合同。

（3）根本违约

因债务人违约，导致债权人的合同目的无法实现的，债权人有权解除合同。

3. 持续履行的不定期合同

以持续履行的债务为内容的不定期合同，当事人在合理期限之前通知对方后，可以解除该合同。

4. 无需继续履行的法定情形

在债务履行不能、债务标的不适于强制履行、履行费用过高、债权人合理期间内未请求继续履行等无需继续履行的法定情形下，当事人有权解除合同。

5. 违约方的解除权

符合下列条件，违约方起诉请求解除合同的，法院依法予以支持：

（1）违约方不存在恶意违约的情形；

（2）违约方继续履行合同，对其明显不利；

（3）守约方拒绝解除合同，违反诚实信用原则。

违约方解除合同的，其本应当承担的违约责任不能因解除合同而减少或者免除。

[例] 甲商城将一间商铺出租给乙，约定租期10年。乙承租不久，因经营状况不佳，乙请求甲商城减租遭拒后，遂停止支付租金，甲商城则基于双务合同抗辩权，对乙所承租的商铺中断供电，致使乙

无法继续经营，由此形成长达一年的僵局。

（1）甲商城是否有权解除与乙的租赁合同？

回答 有权。

（2）乙是否有权解除与甲商城的租赁合同？

回答 有权。

（3）若乙解除与甲商城的租赁合同，是否应当补交合同解除前的租金，并承担相应的违约责任？

回答 应当。

（二）特别法定解除权

1. 分期付款买卖合同中出卖人的解除权

分期付款买卖中，买受人迟延支付价款，达合同总价款的1/5（注意：该"1/5"的比例，为强行法规定，禁止当事人通过约定变更）时，出卖人可以选择如下两种途径之一，保障自己债权的实现：

（1）请求买受人一次性支付全部剩余价款，即剥夺买受人分期付款的期限利益。

（2）解除合同。由此产生的法律后果是：

❶出卖人有权从买受人处取回标的物。

❷出卖人有权请求买受人支付使用费。当事人对使用费的数额没有约定的，参照当地同类标的物的租金标准确定。

❸标的物发生毁损的，出卖人有权请求买受人支付赔偿金。

❹出卖人应当返还买受人已经支付的价款。上述使用费、赔偿金，可以从价款中扣除。需要注意的是，当事人在买卖合同中约定出卖人可以扣留价款不予返还的，其约定无效。

2. 融资租赁合同中出租人的解除权

（1）买卖基础丧失的双方解除权

❶出租人与出卖人订立的买卖合同解除、被确认无效或者被撤销，且双方未能重新订立买卖合同的，出租人、承租人双方均有权解除融资租赁

合同。

❷在出卖人及租赁物系由承租人选择的情况下，因买卖合同解除、被确认无效或者被撤销，给出租人造成损失的，出租人有权请求承租人赔偿。但买卖合同解除是因出租人原因造成的除外。

（2）承租人擅自处分的出租人解除权

承租人擅自将租赁物转让、转租、抵押、质押、投资入股或者以其他方式处分租赁物的，出租人有权解除融资租赁合同。

（3）承租人欠付租金的出租人解除权

❶承租人欠付租金，经出租人催告后在合理期限内仍不支付的，出租人有权请求承租人一次性支付全部的未付租金，或主张解除融资租赁合同，收回租赁物；

❷融资租赁合同解除后，出租人有权收回租赁物，以"收回时租赁物的价值"，冲抵"承租人所欠债务数额"，多退少补。

分期付款买卖与融资租赁债务人迟延付款法律后果的比较

合同类型	债务人违约事实	债权保障手段	解约取回后的处理
融资租赁	（1）承租人迟延交租 （2）经催告仍不履行	一次性付清全款	（无）
		解约取回	以"收回时租赁物的价值"冲抵"承租人所欠数额"，多退少补
分期付款买卖	买受人迟延付款20%以上	一次性付清全款	（无）
		解约取回	买受人已付价金中，扣除使用费、赔偿金后，余额返还

3. 租赁合同中的解除权

（1）不定期租赁合同中，出租人、承租人的解除权

❶不定期租赁的法律意义

第一，承租人有权随时解除租赁合同；

第二，出租人也有权随时解除租赁合同，但是应当在合理期间事先通知承租人。

❷不定期租赁的法定类型

第一，约定租期 6 个月以上的租赁合同，未采取书面形式的，又无法确定租期的，整个合同为不定期租赁；

第二，租赁期间届满，承租人继续使用租赁物，出租人没有提出异议的，原租赁合同继续有效，但租赁期限为不定期。

（2）承租人未经出租人同意转租时，出租人的解除权

❶擅自转租。承租人未经出租人同意，擅自将租赁物另行出租给次承租人的：

第一，出租人有权解除其与承租人之间的合同，进而请求次承租人返还租赁物。

第二，出租人因承租人擅自转租所享有的解除权，其除斥期间为出租人知道或者应当知道承租人擅自转租事实之日起 6 个月。出租人逾期未行使解除权，视为同意转租。

❷次承租人向出租人的租赁物返还义务

第一，出租人与承租人之间的租赁合同无效、履行期限届满或者被解除的，出租人有权请求次承租人返还租赁物；

第二，负有腾房义务的次承租人逾期腾房的，出租人有权请求次承租人支付逾期腾房占有使用费。

4. 承揽合同中定作人的法定解除权

（1）承揽人的法定解除权

定作人不履行协助义务致使承揽工作不能完成，经承揽人催告后的合理期间，定作人仍不履行协助义务的，承揽人可以解除承揽合同。

（2）定作人的法定解除权

承揽人违反亲自完成工作义务，擅自将主要工作交与第三人完成的，定作人可以解除承揽合同。

5. 任意解除权

（1）承揽合同中定作人的任意解除权

定作人可以随时解除承揽合同，但因此造成承揽人损失的，应当赔偿损失。

（2）货物运输合同中托运人的任意解除权

在承运人将货物交付收货人之前，托运人可以要求承运人中止运输、返还货物、变更到达地或者将货物交给其他收货人，但应当赔偿承运人因此受到的损失。

（3）委托合同中委托人、受托人的任意解除权

委托人或者受托人可以随时解除委托合同。因解除合同给对方造成损失的，除不可归责于该当事人的事由以外，应当赔偿损失。在这里，损失范围的确定规则是：

❶在无偿委托合同中，解除方应当赔偿因解除时间不当造成的直接损失。

❷在有偿委托合同中，解除方应当赔偿对方的直接损失和可得利益。需要注意的是，这里的可得利益，仍需以"债务人缔约时的合理预见"为前提。

（4）物业服务合同中业主、物业服务人的解除权

❶业主的解除权

第一，经业主大会决定，业主委员会有权单方解除物业服务合同。业主决定解聘物业服务人的，应当提前60日书面通知物业服务人，但是合同对通知期限另有约定的除外。

第二，物业服务企业拒绝退出、移交，不得以存在事实上的物业服务关系为由，请求业主支付物业服务合同权利义务终止后的物业费。

❷物业服务人的解除权

对于不定期的物业服务合同，物业服务人可以随时解除，但应当提前60日书面通知业主一方。

❸在前期物业服务合同约定的服务期限届满前，业主委员会与新物业

服务人订立的物业服务合同生效的，前期物业服务合同终止。

（三）解除权的行使

解除权的性质为形成权，权利人必须行使该权利，才能够引起合同解除法律后果。

1. 解除权的行使方式

解除权的行使，除情势变更的解除权外，不要求以诉讼或仲裁的方式为之，只要解除权人对相对人解除合同的单方通知到达相对人时，即可发生合同解除的效果。

2. 解除权期间

在法律没有规定、当事人也未约定解除权行使期限的情况下，解除权期间的确定方法是：

（1）自解除权人知道或者应当知道解除事由之日起 1 年内不行使解除权的，解除权消灭；

（2）经对方催告后，解除权人在合理期限内不行使解除权的，解除权消灭。

3. 相对人的异议权

（1）异议权的行使方式：相对人需通过起诉或仲裁的方式提出异议。

（2）异议权的行使期限：当事人有约定的，从其约定；当事人没有约定或者约定不明的，相对人应当在接到解除合同的通知之日起 3 个月内提出异议。

需要注意的是，解除权异议期间的法律意义，仅仅在于相对人能否提出异议，而与合同能否解除无关。换言之，只有享有法定或者约定解除权的当事人才能以通知方式解除合同。不享有解除权的一方向另一方发出解除通知，另一方即便未在异议期限内提出异议，也不发生合同解除的效果。

（四）合同解除的时间和法律后果

1. 合同解除的时间

（1）解除权人对相对人解除合同的单方通知到达相对人时，合同解除；

（2）行使解除权的通知载明，债务人在一定期限内不履行债务则合同解除的，合同解除的时间从其通知；

（3）当事人直接以提起诉讼或者申请仲裁的方式主张解除合同的，法院或者仲裁机构确认该主张的，合同自起诉状副本或者仲裁申请书副本送达对方时解除。

2. 合同解除的后果

（1）合同尚未履行的部分，终止履行。

（2）合同已经履行的部分，有可能恢复原状的，当事人可以主张恢复原状；不可能恢复原状的，则当事人不得主张恢复原状。可见，合同的解除有无溯及力，应视该合同事实上是否存在恢复原状之可能，区别对待。

（3）合同因债务人违约而解除的，债权人请求债务人承担赔偿损失、违约金的违约责任请求权，不受影响。解除权人通过诉讼主张解除合同，但未主张对方支付违约金或赔偿损失的，法院应予释明。

第❻讲 合同债权的保护之一：债的保全

债的保全，是指债务人责任财产的保全，即法律赋予债权人为自己债权的实现，保全债务人的责任财产充实，避免因债务人责任财产不足而导致债权不能实现的特殊法律手段。基于债的保全，债权人能够对第三人产生法律上的影响，突破了债权效力上的相对性。故而，债的保全制度，是使债权获得"对外效力"的特殊法律制度。

一、代位权

（一）代位权的成立条件

1. 两个债权均到期。但是，债权人的债权到期前，债务人的权利存在诉讼时效期间即将届满或者未及时申报破产债权等情形，影响债权人的债权实现的，债权人可以代位向债务人的相对人请求其向债务人履行、向破产管理人申报或者作出其他必要的行为。

2. 债务人怠于行使自己对次债务人的到期债权或与债权有关的从权利

（1）债务人未以诉讼或者仲裁方式向次债务人主张债权，即构成"怠于"；

（2）债务人是否以其他方式主张债权，在所不问。

[例] 甲对乙有买卖价金债权100万元，乙到期未履行。经查，乙借给丙80万元，丁与乙订立保证合同，对乙、丙的借款提供连带责任保证。现丙到期未向乙还款，丁也未承担保证责任。此时：

（1）甲可否对丙提起代位权之诉？

回答 可以。甲可代位行使乙对丙的主债权。

（2）甲可否对丁提起代位权之诉？

回答 可以。甲可以代位行使乙对丁的保证权，即从债权。

3. 债务人所怠于主张的债权，必须是非专属于债务人的债权

（1）债务人对次债务人的债权具有专属性的，债权人不得代位主张；

（2）债务人对次债务人享有物权请求权的，债权人不得代位主张。

4. 有损债权。即无证据证明债务人仍有财产足以履行债务。

（二）代位权的行使方法

1. 代位权的行使，以诉讼方式为之。

（1）代位权之诉的诉讼当事人

❶原告：债权人。债权人以自己的名义提起代位权之诉。

❷被告：次债务人。

❸无独立请求权第三人：债务人。原告未列明的，法院可依照职权追加。

（2）代位权之诉的管辖法院，为次债务人住所地法院。

2. 债权人主张代位的范围

在债权人的"债权额"与债务人的"债权额"之间，"就低不就高"。

（三）行使代位权的法律后果

1. 次债务人履行的受领

（1）代位权之诉中，债权人胜诉的，次债务人直接向债权人履行清偿义务；

（2）在次债务人清偿的范围内，债权人与债务人、债务人与次债务人之间相应的债权债务关系即予消灭。

2. 行使代位权的费用的承担

债权人行使代位权的费用，由债务人承担。

（1）诉讼费，由次债务人承担，并可向债务人追偿；

（2）除此之外的其他必要费用，由债务人承担。

3. 代位权之诉中的抗辩权

（1）债务人对债权人有抗辩事由的，次债务人可以向债权人主张；

（2）次债务人对债务人有抗辩事由的，次债务人可以向债权人主张；

（3）在代位权之诉的诉讼过程中，次债务人还可以直接向债权人提出诉讼中的抗辩。

二、撤销权

（一）撤销权的成立条件

1. 债务人对第三人的不当处分行为，发生在债权人的债权存续期间。

2. 债务人对第三人实施导致其责任财产减少的行为。分为两种情形：

（1）无偿处分行为，包括：

❶债务人无偿转让财产；

❷债务人放弃债权担保；

❸债务人放弃债权；

❹债务人恶意延长到期债权的履行期；

❺其他导致债务人责任财产减少的情形。

需要注意的问题有二：

第一，"债务人放弃债权""债务人恶意延长到期债权的履行期"两种情况下，第三人即债务人的次债务人。此时，处理的方式是：先撤销，后代位。

第二，债务人"未导致责任财产增加"的行为，不得撤销。

（2）不等价处分行为，包括：

❶以明显不合理的低价转让财产；

❷以明显不合理的高价收购财产；

❸为他人的债务提供担保。

需要注意：在不等价处分财产的情况下，债权人撤销权的成立，以第三人"恶意"为条件。

（二）撤销权的行使方法

撤销权的行使，以诉讼方式为之。

1. 撤销权之诉的诉讼当事人

（1）原告：债权人。

（2）被告：债务人。

（3）无独立请求权第三人：第三人。原告未列明的，法院可依照职权追加。

2. 撤销权之诉的管辖法院，为债务人住所地法院。

3. 撤销权之诉的提起时间

（1）从债权人知道或者应当知道撤销事由之日起 1 年内，行使撤销权；

（2）债权人自债务人的不当处分行为发生之日起 5 年内未行使撤销权的，撤销权消灭。

（三）撤销权行使的法律后果

1. 一经撤销，债务人对第三人的不当处分行为自始无效：

（1）处分的标的物尚未交付的，债务人不得向第三人交付；

（2）处分的标的物已经交付的，第三人应向债务人返还标的物。

2. 债权人行使撤销权的费用，由债务人承担。

第 7 讲 合同债权的保护之二：物保

一、抵押权

（一）抵押权的设立

1. 不动产抵押权的设立

（1）抵押人与债权人订立书面抵押合同。抵押合同成立时，产生债权效力。

❶债权人对抵押人享有债权，即有权请求抵押人办理抵押登记手续；

❷如果抵押人未履行办理抵押登记的债务，构成违约，需承担违约责任，但其范围不得超过若抵押权有效设立时抵押人所应当承担的责任。

（2）办理抵押登记手续。抵押登记手续的办理，为抵押合同的履行。抵押登记手续完成，抵押权设立。

2. 动产抵押权的设立

（1）抵押人与债权人订立书面抵押合同。抵押合同成立时即产生抵押权设立的效力。

（2）抵押人根据动产抵押合同约定，为债权人办理抵押登记手续的，抵押登记手续完成，抵押权获得对抗第三人的法律效力。

3. 土地使用权抵押时的新增房屋抵押问题

（1）一体抵押原则

在抵押人将建设用地使用权抵押给一个债权人，而其上的建筑物又抵押给另一个人时，应当将"房""地"视为同一财产，根据抵押登记的顺位确定受偿顺序。

（2）抵押地上的新增房屋

建设用地使用权抵押后，该土地上新增的建筑物不属于抵押财产。该

建设用地使用权实现抵押权时，应当将该土地上新增的建筑物与建设用地使用权一并处分，但新增建筑物所得的价款，抵押权人无权优先受偿。

（二）抵押权期限

1. 抵押权期间，即为"主债权诉讼时效期间"。抵押权人超越抵押权期间未实行抵押权的，抵押权归于消灭。

2. 抵押人在主债权诉讼时效届满后请求涂销抵押权登记的，法院依法予以支持。

3. 以登记作为公示方法的权利质权，参照适用上述抵押权期限的规定。

（三）抵押人转让抵押物

1. 不动产抵押物的转让

（1）无需抵押权人的同意，但应通知抵押权人。

（2）不动产抵押权已经登记。因抵押权可以对抗买受人的所有权，故抵押权不受抵押物转让的影响。

2. 动产抵押物的转让

（1）无需抵押权人的同意，但应通知抵押权人。

（2）动产抵押物的转让，无论抵押权是否登记，均不得对抗正常经营活动中，已支付合理价款并取得抵押财产的买受人。

（3）受让人不构成"正常买受人"的：

❶动产抵押权已经登记的，因抵押权可以对抗买受人的所有权。故抵押权不受抵押物转让的影响。

❷动产抵押权未经登记：

第一，受让人不知道且不应当知道抵押权存在的，因抵押权不能对抗善意的买受人的所有权，故抵押权消灭；

第二，受让人知道或应当知道抵押权存在的，因抵押权可以对抗买受人的所有权，故抵押权不受影响。

3. 抵押权人能够证明抵押财产转让可能损害抵押权的，可以请求抵押人将转让所得的价款，向抵押权人提前清偿债务或者提存。转让的价款超过债权数额的部分归抵押人所有，不足部分由债务人清偿。

（四）最高额抵押

1. 含义

最高额抵押，是指抵押人为债权人设立抵押，就债权人对债务人一定期间内将要连续发生的一系列债权提供的担保。最高额抵押，是以一个抵押权来担保一系列主债权的担保。

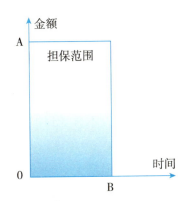

最高额担保的担保范围示意图

2. 最高额抵押成立之前的债权担保

原则上，最高额抵押是对"未来将会发生的系列债权"提供担保。但是，经抵押人、抵押权人同意，最高额抵押权设立前已经存在的债权，可以转入最高额抵押担保的债权范围。

3. 最高额抵押的债权确定期间

最高额抵押所担保的系列债权的范围，存在"金额"和"时间"两个维度。其中，"时间"维度所确定的，就是最高额抵押的债权确定期间。（即"最高额抵押担保范围示意图"中"B"点的确定）：

（1）原则

❶抵押人、抵押权人约定的债权确定期间届满；

❷没有约定债权确定期间的，抵押权人或者抵押人自最高额抵押权设

立之日起满 2 年后，有权请求确认期间届满。

（2）以下特殊情形，债权确定期间的界定，不受上述原则的约束：

❶新的债权不可能发生时，债权确定期间届满。此时，已经发生的债权，受到担保。

❷抵押权人知道或者应当知道抵押财产被查封、扣押时，债权确定期间届满。此时，已经发生的债权，受到担保，可以优先于查封、扣押权受偿。以后发生的债权，不再受到担保，不得优先于查封、扣押权受偿。

❸债务人被宣告破产或者被撤销时，债权确定期间届满。此前已经发生的债权，为有担保债权；以后发生的债权，则为普通债权。

❹抵押人被宣告破产或者被撤销时，债权确定期间届满。此前已经发生的债权受到担保，债权人可以就最高额抵押物的价值，优先于抵押人的其他债权人受偿。以后发生的债权，不再受到担保，债权人不再享有抵押物上的优先受偿权。

4. 最高额抵押的部分主债权转让

除当事人另有约定外，最高额抵押担保的债权确定前，部分债权转让的，最高额抵押权不得转让。

二、动产质权

（一）动产质权的设立

1. 订立质权合同

（1）质权合同自成立时生效，即在债权人与出质人之间，形成债权债务关系。

（2）债权人有权请求出质人交付质物。出质人不交付质物的，应承担违约责任。出质人违约责任的承担，不应超过主债数额及质物的价值。

2. 交付质物

（1）质物的交付，导致动产质权的设立；

（2）质物的交付，还意味着质权合同中出质人债务的履行。

3. 质物交付的方法

（1）现实交付。即出质人将动产质物的直接占有移转予债权人。需要注意的是，在出质人基于委托关系，将质物现实交付给第三人的情况下，质权是否设立，需视如下情况加以区分：

❶第三人受出质人委托占有质物的，质权不成立。

❷第三人受债权人委托占有质物的，质权成立。但是，因第三人怠于履行占有职责，导致质物实际上仍由出质人管领控制的，质权不成立。此时，债权人可基于委托合同，请求第三人承担违约赔偿责任，但其范围不得超过质物的价值，也不得超过若质权有效设立时质押人所应当承担的责任。

（2）观念交付

❶动产质权的设立，禁止采用观念交付中的占有改定方式。即当事人约定由债权人享有质权，但是出质人继续保留对质物的直接占有的，该约定无效，视为质物没有交付，动产质权不能设立。

❷动产质物交付、动产质权设立后，质权人返还质物予出质人，或者丧失质物的占有的，质权并不消灭。但此时的质权不得对抗善意第三人。

（二）质权人占有质物期间的义务

质权人与第三人订立合同，以出质、出租、出借等形式，将质物交予第三人，且第三人因过错导致质物毁损灭失的，由此所引起的损害赔偿法律关系是：

1. 出质人有权基于违约责任，请求质权人赔偿。

2. 出质人有权基于侵权责任，请求第三人赔偿。

3. 质权人有权基于违约责任，请求第三人赔偿。

三、留置权

留置权，是指债权人在债务人到期不履行债务的情况下，扣留债务人的财产，并以其价值优先受偿的担保物权。留置权是法定担保物权，即留置权依照法定要件即可成立，而无需以当事人对留置达成合意为条件。

（一）留置权的成立条件

1. 债权人合法占有债务人的动产

（1）"合法占有"是指债权人对于动产的占有，是债务人基于承揽、运输、行纪等合同关系，自愿交付所致。

（2）原则上，债务人应当是其所交付动产的所有权人。在债务人并非动产所有权人的情况下，债权人占有动产时，不知道该动产非为债务人所有，也可以成立留置权。

（3）留置权的客体，以动产为限。

2. 同一性

（1）原则上，债权人占有债务人动产的原因，与债务人承担债务的原因相同，即基于同一个法律关系。

（2）商事留置权不要求"同一性"。在企业之间，债务人到期不履行债务时，债权人可就其合法占有的债务人的任何动产，行使留置权。

（3）债务人到期不履行债务。需要强调的是，对于抵押权、质权而言，"债务到期不履行"是实行条件；但对于留置权而言，"债务到期不履行"，则是留置权的成立条件，而非其实行条件。

3. 留置权成立的限制

（1）法律规定或者当事人约定不得留置的动产，不得留置。留置权的成立不需要以当事人的约定为条件，但是当事人的约定却可以阻止留置权的成立。

（2）留置财产为可分物的，留置财产的价值应当相当于债务的金额，即"等价留置"规则。

（3）债务人对债权人享有抗辩权的，债权人对所占有的债务人的动产不得留置。

（二）留置权的实行与消灭

1. 留置权的实行条件

留置权的实行条件是"债务宽限期满仍不履行"。留置权的宽限期的长度规则为：

（1）在当事人没有约定的情况下，由债权人指定，但是不得少于60日；

（2）对于鲜活易腐等不易保管的动产，宽限期可以少于60日，但是仍需具有合理性。

2. 留置权的消灭

（1）留置权人对留置财产丧失占有的，留置权消灭。占有不仅是留置权的成立条件，也是留置权的维持条件。

（2）留置权人接受债务人另行提供担保的，留置权消灭。

四、担保物权竞存

担保物权竞存，是指一个担保物上，并存两个或者两个以上担保物权的情形。

（一）抵押权竞存

抵押权竞存，即一物多押，是指一个抵押物上，并存两个或两个以上抵押权的情形。

1. 受偿顺序

（1）存于一物之上的各抵押权，已登记的先于未登记的清偿。

（2）存于一物之上的各抵押权，均未登记的，按照所担保的债权额的比例清偿。

（3）存于一物之上的各抵押权，均已登记的，按照登记的时间先后顺序清偿；登记时间相同的，按照所担保的债权额的比例清偿。但是，动产抵押担保的主债权是抵押物的价款的，标的物交付后10日内办理抵押登记的，该抵押权人优先于抵押物买受人的其他抵押权人受偿。

[例]　1月8日，甲将电脑A出卖给乙，乙应向甲支付价金1万元。甲乙同时约定，乙取得电脑A所有权后，应将电脑A向甲抵押，以担保乙价金债务的履行。1月10日，甲将电脑A交付予乙，1月12日，乙将电脑A抵押给丙，办理了抵押登记手续。

（1）此时，如果电脑 A 变价若干，甲丙受偿顺位如何？

回答 丙的物权优先于甲的债权。

（2）如果 1 月 15 日，甲的电脑 A 抵押权办理了抵押登记手续。此时，如果电脑 A 变价若干，甲丙受偿顺位如何？

回答 甲的物权优先于（可对抗）丙的物权。

2. 部分抵押权变更

一物多押时，抵押人与抵押权人之间，以及抵押权人之间，可以通过协议约定，变更部分抵押权的内容，如变更抵押权顺位、被担保的债权数额等内容。其限制在于：未经其他抵押权人书面同意的，不得对其他抵押权人产生不利影响。

（二）动产上不同担保物权的竞存

1. 第一顺位：留置权。

留置权作为法定担保物权，具有优先于抵押权、质权等约定担保物权受偿的法律效力。

2. 第二顺位：登记的抵押权和占有质物的质权。

登记的抵押权和占有质物的质权之间并存于一物时，先具备公示外观的担保物权优先于后具备公示外观的担保物权，即"先公示者优先"。但是，动产抵押担保的主债权是抵押物的价款的，标的物交付后 10 日内办理抵押登记的，该抵押权人不仅可以优先于抵押物买受人的其他抵押权人受偿，也可以优先于抵押物买受人的其他质权人受偿。

3. 第三顺位：未登记的抵押权和未占有质物的质权。

未登记的抵押权和未占有质物的质权之间并存于一物时，未占有质物的质权优先于未登记的抵押权。

五、让与担保

让与担保，是指当事人以订立买卖合同为名，行担保债务人义务之实的交易。让与担保可分为两种类型：

（一）先让与担保

1. 含义

先让与担保，是指债权人与担保人（债务人或第三人）订立让与合同约定，担保人事先向债权人交付、登记，使债权人取得让与财产的所有权。待债务人履行债务后，债权人将该财产所有权返还予担保人。

2. 先让与担保的司法处理

（1）让与合同有效，但让与财产的性质为担保物。因此，让与财产已经交付、登记后，债务人到期不履行债务时，债权人不得主张继续享有让与财产的所有权，而需将让与财产变价受偿。

（2）让与财产已经交付、登记后，故债权人对价金享有优先受偿权。

[例] 甲欲借给乙100万元，借期1年，本息共计110万元。为担保乙的还本付息，双方订立"买卖合同"约定："乙将房屋A出卖给甲，价款100万元。合同订立后，乙应向甲交房、过户。如乙收到甲的房款后1年内，向甲返还110万元房款，买卖合同解除，甲将房屋返还予乙，并向乙回转登记。"合同订立后，乙将房屋A向甲交付、登记，甲将100万元"房款"交付予乙。现乙到期未能向甲偿还借款本息。经查，乙还欠李四价金未付。

（1）甲能否继续享有房屋A的所有权？

[回答] 否。乙可请求甲将房屋A变价后，多退少补。

（2）甲对于房屋A的变价，能否优先于李四受偿？

[回答] 可以。

（二）后让与担保

1. 含义

后让与担保，是债权人与担保人（债务人或第三人）订立让与合同约定，如果债务人履行债务，则让与合同解除。否则，债权人即根据让与合同，请求担保人移转让与财产的所有权。

2. 后让与担保的司法处理

（1）让与合同有效。但是，当事人之间的法律关系，应认定为受担保的债权关系，如借款关系。此时，法院应向债权人释明变更诉讼请求。债权人拒绝变更的，法院裁定驳回起诉。

（2）让与财产的性质依然为担保物。因此，债务人到期不履行还本付息债务时，债权人不得主张担保人交付、登记，而需将让与财产变价受偿。

（3）因让与财产并未交付、登记，故债权人对价金不享有优先受偿权。

[例] 甲欲借给乙100万元，借期1年，本息共计110万元。为担保乙的还本付息，双方订立"买卖合同"约定："乙将房屋A出卖给甲，价款100万元。如乙收到甲的房款后1年内，向甲返还110万元房款，买卖合同解除；否则，乙即应当向甲交付房屋并办理过户登记。"合同订立后，甲将100万元"房款"交付予乙。现乙到期未能向甲偿还借款本息。经查，乙还欠李四价金未付。甲以买卖合同为依据，向法院提起诉讼，请求乙交房过户。

（1）甲能否请求乙交房过户？

回答 否。法院应按照借款关系审理，故应向债权人释明变更诉讼请求。债权人拒绝变更的，法院裁定驳回起诉。

（2）甲能否主张对房屋A变价受偿？

回答 可以。

（3）甲对于房屋A的变价，能否优先于李四受偿？

回答 否。

第 8 讲　合同债权的保护之三：人保

一、保证合同

（一）保证允诺

1. 前提与基础

（1）以"主债务到期不履行"，作为承担保证责任的前提；

（2）以"保证人的一般责任财产"，作为承担保证责任的物质基础。

2. 表明责任

保证人在主合同上签字，表明其保证人身份的，保证合同即可成立。

（二）保证人的债务人抗辩权

1. 在债务人对债权人享有抗辩权的情况下，保证人有权以之对抗债权人，拒绝承担保证责任。

2. 纵然债务人放弃自己对债权人的抗辩权，保证人的债务人抗辩权也不受影响。

二、保证责任

（一）连带责任保证

在连带责任保证中，债务的履行与保证责任的承担，不存在顺序性。

（二）一般保证

1. 概念

在一般保证中，债务人到期不履行债务时，债权人只能继续请求债务人履行债务，直至对债务人执行完毕时，才能请求保证人就债务人不能履行的部分，承担补充性质的保证责任。

在保证合同中，当事人没有约定保证人承担何种保证责任的，为一般保证。

2. 先诉抗辩权及其例外

（1）在债权人未对债务人"穷尽一切法律手段"之前，一般保证人享有先诉抗辩权。

	债务人抗辩权	先诉抗辩权
连带责任保证人	●	○
一般保证人	●	●

（2）在以下情况，一般保证人不得主张其先诉抗辩权：

❶债务人下落不明，且无财产可供执行；

❷法院受理债务人破产案件；

❸债权人有证据证明债务人的财产不足以履行全部债务，或者丧失履行债务能力的；

❹保证人向债权人或其代理人以书面形式放弃先诉抗辩权的。

三、保证期间与保证诉讼时效

（一）保证期间的计算

1. 保证期间的起算点：主债务履行期限届满之日。

2. 保证期间的长度

（1）当事人有约定的，从其约定；

（2）当事人没有约定的，保证期间为主债务履行期限届满之日起6个月；

（3）当事人约定的保证期间早于主债务履行期限，或者与主债务履行期限同时届满的，视为没有约定。

（二）保证期间内债权人行使保证权的方法

1. 连带责任保证，债权人行使保证权的方式，为"请求保证人承担保证责任"。

2. 一般保证，债权人行使保证权的方式，为"对主债务人提起诉讼或者申请仲裁"。

（三）保证期间内债权人行使保证权的法律后果：保证诉讼时效的起算

1. 连带责任保证：在保证期间内，债权人行使保证权（"请求保证人承担保证责任"）的，自其行使保证权之日起算连带责任保证的诉讼时效期间。

2. 一般保证：在保证期间内，债权人行使保证权（"对主债务人提起诉讼或者申请仲裁"）的，自执行完毕之日起算一般保证的诉讼时效期间。

注意：在保证期间内发生了"行使保证权"的行为，"保证期间"便丧失法律意义。

	保证期间内，保证权的行使方式	保证诉讼时效的起算点
连带责任保证	请求保证人	请求之日
一般保证	对债务人提起诉讼、申请仲裁	执行完毕之日

四、主债变动对保证责任的影响

（一）主债权让与、主债务承担对于担保责任的影响

1. 主债权让与

（1）担保责任继续

❶对于物保而言，不以抵押登记的变更、质物占有的转移为条件；

❷对于人保而言，需要以通知保证人为前提。

（2）担保人与债权人在担保合同中书面约定，担保人"只为该债权人"提供担保的，从其约定。

2. 免责的主债务承担

（1）第三人担保的，未经其书面同意，担保责任消灭；

（2）债务人担保的，担保责任继续。

（二）主债额变动对保证责任的影响

1. 主债双方约定增加主债额的，未经保证人书面同意，保证人对增加的部分，不再承担保证责任。

2. 主债双方约定减少主债额的，保证人对剩余的部分，继续承担保证责任。

（三）主债期变动对保证责任的影响

未经保证人书面同意的，保证期间不受影响。

（四）以偿还旧贷为目的的新贷之债的保证责任

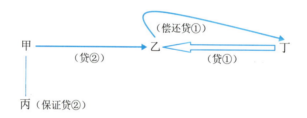

1. 原则上，保证人有权以"所担保的主债权关系，系以偿还旧贷为目的"为由，不再承担保证责任。

2. 例外情况有二：

（1）保证人提供保证时，已经知道或者应当知道所担保的主债具有偿还旧贷的用途的，不得再以此为由拒不承担保证责任；

（2）当初旧贷发生时，保证人即为其提供保证的，保证人不得以新贷具有偿还旧贷的用途为由，拒不承担保证责任。

3. 新贷债权人主张旧贷债权上的担保权的，法院不予支持。

（五）债权人怠于执行一般保证人提供的债务人财产线索

一般保证人在主债务履行期限届满后，向债权人提供债务人可供执行财产的真实情况，债权人放弃或者怠于行使权利致使该财产不能被执行的，保证人在其提供可供执行财产的价值范围内，不再承担保证责任。

（六）债务人对债权人享有抵销权、撤销权而未行使

1. 债务人对债权人享有抵销权的，保证人可以在相应范围内拒绝承担保证责任。

[例] 甲对乙享有借款债权 10 万元，丙为甲提供连带责任保证。乙对甲享有货款债权 8 万元。现甲对乙的借款债权已经到期。

（1）如果乙行使抵销权，丙的保证责任为多少钱？

回答 2 万元。

（2）如果乙没有行使抵销权，丙的保证责任为多少钱？

回答 2 万元。

2. 债务人对债权人享有撤销权的，保证人可以在相应范围内拒绝承担保证责任。

[例] 甲乙订立买卖合同，约定甲将机器设备出卖给乙，乙支付价金 100 万元。丙为甲提供连带责任保证。现乙发现甲以次充好，而丙对此事并不知情。

（1）如果乙行使撤销权，丙的缔约过失责任为多少钱？

回答 0。

（2）如果乙行使撤销权，丙的保证责任为多少钱？

回答 0。

五、保证人的追偿权

（一）保证人追偿权的一般行使条件

1. 债务人对债权人享有抗辩权，保证人未以之抗辩主债权人的，承担保证责任之后，不得对主债务人追偿。

2. 在债务人放弃抗辩权的情况下，保证人未以之抗辩主债权人，承担了保证责任的，其追偿权并不消灭。

3. 在一般保证中，保证人未行使先诉抗辩权，承担了保证责任的，其

追偿权并不消灭。

（二）保证人追偿权的预先行使

1. 保证人预先行使追偿权的条件

（1）保证人尚未承担保证责任；

（2）法院受理主债务人的破产案件；

（3）主债权人未申报债权。

2. 保证人预先行使追偿权的方式

（1）保证人依据追偿权，申报破产债权，参与破产财产分配；

（2）连带共同保证中，各连带共同保证的保证人应当作为一个主体申报债权，参与破产财产分配。

3. 主债权人的通知义务

（1）主债权人知道或者应当知道债务人破产，如不申报债权，应当通知保证人申报债权，预先行使追偿权；

（2）主债权人既未申报债权也未通知保证人，致使保证人不能预先行使追偿权的，保证人在该债权在破产程序中可能受偿的范围内免除保证责任。

六、共同担保

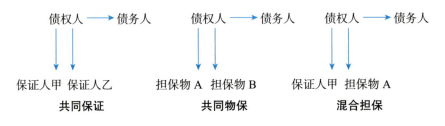

（一）连带共同担保与按份共同担保

1. 概念

（1）连带共同担保，是指主债务人到期不履行债务时，主债权人可以请求任何一个担保人承担全部担保责任的共同担保；

（2）按份共同担保，是指主债务人到期不履行债务时，各个担保人按照约定的份额、顺序，对主债权人承担担保责任的共同担保。

2. 界定方法

（1）各担保人与主债权人约定各自承担保证责任的份额、顺序的，从其约定。

（2）各担保人与主债权人没有约定各自承担保证责任的份额、顺序的：

❶在共同保证、共同物保中，各担保人承担连带担保责任。

❷在混合担保中：

第一，存在债务人提供的物保的，主债权人应当先对债务人提供的担保物行使担保物权；

第二，不存在债务人提供的物保的，各第三担保人承担连带担保责任。

3. 各第三担保人相互间约定各自承担担保责任的份额、顺序的，其约定具有内部效力。

（二）共同物保、混合担保中的特殊规则：弃权与免责

在既有主债务人提供担保，又有第三人提供担保的情况下，主债权人放弃债务人提供的担保物上的担保物权或者担保利益时，第三人担保人在主债权人丧失优先受偿权益的范围内，免除担保责任。

第9讲 合同的履行

一、合同的特殊履行方式

（一）提存

1. 提存的条件

（1）债权人构成迟延受领。

（2）债务人所负的债务为交付财产的债务：

❶ 在劳务之债中，不可提存。

❷ 在财物之债中，适于提存的，可直接提存；不适于提存的，可以变价后，提存价款。

2. 提存的效力

（1）债权人取得提存物所有权。

（2）债权人承担提存物上的风险。

（3）债权人有权随时领取提存物，但应承担提存费用。债权人向提存部门书面放弃领取提存物权利的，债务人承担提存费用后，提存物由债务人取回。

（4）债权人自提存之日起5年内不领取提存物的，领取权消灭。提存物扣除提存费用后归国家所有。但是，债权人未履行对债务人的到期债务的，债务人承担提存费用后，提存物由债务人取回。

3. 提存中的双务合同抗辩权

（1）在双务合同中，一方的债务已经提存，而另一方的债务已经到期，但是尚未履行；

（2）经提存一方当事人的要求，提存机构在对方当事人未履行债务，且未提供适当担保的情况下，有权拒绝其领取提存物。

（二）抵销

抵销，是指当事人双方基于两个法律关系互负债务时，互负的债务相互充抵而归于消灭的法律事实。

1. 法定抵销的条件

（1）一组当事人，在两个法律关系中，互享债权、互负债务。

（2）当事人所互负债务的标的，种类相同。

（3）债权到期。在一组当事人基于两个法律关系互享同种类标的债权、互负同种类标的债务的格局之下，"债权"到期的一方享有抵销权，有权主动与对方抵销。

（4）法定抵销权的消极条件

❶对方享有抗辩权的债权，如诉讼时效届满的债权，纵然到期，债权人也不得享有抵销权，不得主动与对方抵销。

❷互负之债务，不得为专属于债务人自身之债务。专属性债务的履行，具有不可替代的性质，其不得与其他债务相互充抵。专属性的债务主要包括：

以"特定人"为基础的债务	基于"人身信任"所生之债务
	不作为债务
以"特定身份"为基础的债务	基于家庭身份所生的债务
	基于社会身份所生的债务
以"血汗"为基础的债务	人身损害所生之债务
	劳动工资债务

❸当事人约定不得抵销的债务，不得抵销。

2. 抵销权的行使及其后果

（1）抵销权行使的方式，可以是抵销权人向对方当事人进行通知，也可以采取抗辩或诉讼、仲裁的方式。

（2）抵销权的行使，不得附条件、附期限。

（3）行使抵销权的单方通知，一经到达对方当事人，即发生抵销的法

律后果。需要注意的是，抵销的法律后果，溯及该方抵销权成立之时。

[例] 甲借给乙 10 万元，2019 年 1 月 1 日到期。乙卖给甲一批货，甲应于 2019 年 3 月 1 日支付价款 10 万元。双方借款合同与买卖合同均约定，迟延还款、付款 1 个月，违约金 1000 元。

1. 设：现在是 2019 年 2 月 1 日，乙未偿还借款。此时，若甲于 2019 年 2 月 1 日行使抵销权：

（1）抵销的后果自何时发生？

[回答] 甲的抵销权成立之时，即 2019 年 1 月 1 日。

（2）抵销后果发生时，甲的价金债务为多少钱？

[回答] 10 万元，尚未到期。

（3）抵销后果发生时，乙的借款债务为多少钱？

[回答] 10 万元，刚到期，尚无违约责任。

（4）抵销后，甲、乙的债务各为多少钱？

[回答] 0。

2. 设：现在是 2019 年 4 月 1 日，乙未偿还借款，甲也未支付价款。此时：

（1）若甲于 2019 年 4 月 1 日行使抵销权：

❶抵销的后果自何时发生？

[回答] 甲的抵销权成立之时，即 2019 年 1 月 1 日。

❷抵销后果发生时，甲的价金债务为多少钱？

[回答] 10 万元，尚未到期。

❸抵销后果发生时，乙的借款债务为多少钱？

[回答] 10 万元，刚到期，尚无违约责任。

❹抵销后，甲、乙的债务各为多少钱？

[回答] 0。

（2）若乙于 2019 年 4 月 1 日行使抵销权：

❶抵销的后果自何时发生？

回答 乙的抵销权成立之时，即 2019 年 3 月 1 日。

❷ 抵销后果发生时，甲的价金债务为多少钱？

回答 10 万元，刚到期，尚无违约责任。

❸ 抵销后果发生时，乙的借款债务为多少钱？

回答 10 万元+2000 元＝10.2 万元。

❹ 抵销后，甲、乙的债务各为多少钱？

回答 甲对乙不负债，乙对甲负债 2000 元。

（三）代物清偿

1. 一般原理

（1）含义：债务人以他种给付代替其所负担的给付，从而使债消灭的情形。

（2）本质：债务履行标的的变通，而非是债之双方所达成的新债。

（3）代物清偿协议受"流质约款禁止"规则的约束。故代物清偿协议履行完毕后，当事人一方有权请求对方在评估作价的基础上，多退少补。

2. 分类

（1）履行期届满前达成的以物抵债协议

❶ 性质为实践合同。

❷ 诉讼处理

第一，当事人在债务履行期届满前达成以物抵债协议，债权人请求债务人交付的，法院应当向其释明，其应当根据原债权债务关系提起诉讼；

第二，经释明后，当事人拒绝变更诉讼请求的，应当驳回其诉讼请求，但不影响其根据原债权债务关系另行提起诉讼。

（2）履行期届满后达成的以物抵债协议

❶ 性质为诺成合同。故当事人在债务履行期限届满后达成以物抵债协议的，债权人有权请求债务人交付抵债物。

❷ 在诉讼中达成以物抵债协议的处理

第一，一审程序中，当事人可因达成以物抵债协议申请撤回起诉。

第二，二审程序中，当事人因达成以物抵债协议而申请撤回上诉的，法院应当告知其申请撤回起诉。当事人不申请撤回起诉的，法院应当继续对原债权债务关系进行审理。

第三，在民事诉讼中，当事人达成以物抵债协议后，请求人民法院出具调解书予以确认的，不应准许。

（四）代为履行与代为受领

1. 基本原理

（1）代为履行，是指债务人以外的第三人实施履行债务的行为；代为受领，是指债权人以外的第三人实施接受债务履行的行为。

（2）代为履行的法定限制

❶代为履行的第三人，对履行该债务，需具有合法利益；

❷债务人的债务不具有人身专属性。

2. 第三人代为履行对债务人的后果

（1）经债务人同意的第三人代为履行

债务人同意第三人代为履行债务的，应当对第三人的履行行为负责。这意味着：

❶第三人履行债务符合约定的，有权依法向债务人追偿；

❷第三人不履行债务或者履行债务不符合约定的，债务人应当向债权人承担违约责任。

（2）未经债务人同意的第三人代为履行

债务人未同意第三人代为履行债务的，其是否应对第三人的履行行为负责，判断的标准在于：

❶第三人履行债务符合约定的，有权依法向债务人追偿；

❷第三人不履行债务或者履行债务不符合约定的，债务人无需向债权人承担违约责任。

3. 代为履行第三人的追偿权

（1）第三人代为履行债务，使得债权人的债权归于消灭，进而使得债务人对债权人的债务也归于消灭；

（2）第三人可以享有债务人的担保权；

（3）代为履行债务的第三人，向债务人表明放弃追偿权的，追偿权归于消灭。

4. 代为履行的具体表现：次承租人代为支付承租人租金

（1）因承租人拖欠租金，出租人欲解除合同的，次承租人可代承租人支付租金，并承担其他违约责任，以阻止合同的解除。

（2）次承租人代为履行，需以转租合同对出租人有法律约束力为前提。这意味着，出租人未同意转租的，次承租人无权代承租人履行租金债务。

二、合同履行的确定

（一）法人分立时的债权、债务承受

1. 分立的法人与外部的债权人、债务人之间的债权、债务关系，有约定的，从其约定。

2. 没有约定的，对外按照连带关系处理。对于原法人的债权、债务，分立后的各个法人对外可享有全部债权，均应承担全部债务。

3. 分立的各个法人之间有约定的，该项内部约定不得对外部的债权人、债务人主张，其仅具有内部效力，可作为对外承担连带责任之后的内部追偿依据。

（二）债务人负担数笔同种类债务的履行

1. 界定的问题

债务人对债权人负债数笔，且标的相同，债务人履行了一部分，但是履行数额并不能导致其全部负债的清偿。在此种情况下，需要界定的是，债务人所履行的债务，是其所负担的"数笔"债务中的"哪一笔"？

2. 规则

（1）债权人与债务人对清偿的债务或者清偿抵充顺序有约定的，从其约定；

（2）没有约定的，应当优先抵充已到期的债务；

（3）几项债务均到期的，优先抵充对债权人缺乏担保或者担保数额最少的债务；

（4）均无担保或者担保数额相同的，优先抵充债务负担较重的债务；

（5）负担相同的，按照债务到期的先后顺序抵充；

（6）到期时间相同的，按比例抵充。

（三）债务人负担一笔复合内容的债务

1. 界定的问题

债务人对债权人所负担的债务只有一笔，但是该笔债务由主债务（本金）、利息和费用三部分组成。债务人履行了一部分，但是履行数额并不能导致其全部负债的清偿。那么，债务人所履行的债务，是其所负担的本金、利息还是费用？

2. 规则

（1）当事人有约定的，从其约定；

（2）当事人没有约定的，按照"费用——利息——本金"的顺序充抵。

（四）动产多重买卖的履行顺序

1. 普通动产多重买卖的履行顺序

普通动产，不属于交通运输工具的动产，即为"普通动产"。在普通动产多重买卖情况下，每一个买卖合同均有效时，买受人均要求实际履行合同的，出卖人的履行顺序规则是：

（1）占有者优先，即先行受领交付的买受人，有权请求确认所有权已经转移；

（2）先支付价款者优先，即各买受人均未受领交付的，先行支付价款的买受人有权请求出卖人履行交付标的物等合同义务；

（3）合同成立在先者优先，即各买受人均未受领交付，也未支付价款的，依法成立在先合同的买受人有权请求出卖人履行交付标的物等合同义务。

2. 交通运输工具多重买卖的履行顺序

在车辆、船舶、航空器等交通运输工具多重买卖情况下，每一个买卖合同均有效时，买受人均要求实际履行合同的，出卖人的履行顺序规则是：

（1）占有者优先，即先行受领交付的买受人，有权请求出卖人履行办理所有权转移登记手续等合同义务；

（2）过户登记者优先，即各买受人均未受领交付的，先行办理所有权转移登记手续的买受人，有权请求出卖人履行交付标的物等合同义务；

（3）合同成立在先者优先，即各买受人均未受领交付，也未办理所有权转移登记手续的，依法成立在先合同的买受人，有权请求出卖人履行交付标的物和办理所有权转移登记手续等合同义务；

（4）占有优先于登记，即出卖人将标的物交付给买受人之一，又为其他买受人办理所有权转移登记手续的，已受领交付的买受人有权请求将标的物所有权登记在自己名下。

（五）一房数租

在一房数租，且每个租赁合同均有效的情况下，各承租人均请求出租人向自己履行租赁合同的，应按照下列顺序确定履行合同的承租人：

1. 已经合法占有租赁房屋的。

2. 已经办理登记备案手续的。

3. 合同成立在先的。

对于不能取得租赁房屋的承租人而言，其与出租人所订立的租赁合同依然有效，故其有权主张解除合同，并请求出租人承担违约责任。

（六）同一应收账款债权的多次保理

应收账款债权人就同一应收账款订立多个保理合同，致使多个保理人主张权利的，各保理人的受偿顺位是：

1. 已登记的先于未登记的受偿。

2. 各保理人均已登记的，按照登记的先后顺序受偿。

3. 各保理人均未登记的，由最先到达应收账款债务人的转让通知中载

明的保理人受偿。

4. 既未登记也未通知的，按照应收账款比例清偿。

（七）商品房买卖中面积误差的处理

出卖人实际交付房屋的面积与买卖合同约定的面积不符，且当事人没有约定的，处理规则是：

1. 面积误差比绝对值在3%以内（含3%）的：

（1）按照合同约定的价格据实结算；

（2）买受人请求解除合同的，不予支持。

2. 面积误差比绝对值超出3%的：

（1）买受人请求解除合同、返还已付购房款及利息的，应予支持。

（2）买受人同意继续履行合同的：

❶房屋实际面积大于合同约定面积的，面积误差比在3%以内（含3%）部分的房价款由买受人按照约定的价格补足，面积误差比超出3%部分的房价款由出卖人承担，所有权归买受人；

❷房屋实际面积小于合同约定面积的，面积误差比在3%以内（含3%）部分的房价款及利息由出卖人返还买受人，面积误差比超过3%部分的房价款由出卖人双倍返还买受人。

（八）行纪合同中行纪人的买卖价格

1. 行纪人低于委托人指定的价格卖出或者高于委托人指定的价格买入的：

（1）经委托人同意的，该买卖对委托人发生效力；

（2）未经委托人同意的，行纪人应补偿其差额。

2. 行纪人高于委托人指定的价格卖出或者低于委托人指定的价格买入的：

（1）溢价利益，当事人没有约定的，归委托人；

（2）行纪人可以按照约定请求增加报酬。

三、合同履行中的优先权

（一）按份共有人的优先购买权

由于共有份额系按份共有人自己的财产，故按份共有人转让其共有份额，无需其他共有人同意。但是，按份共有人对外转让共有份额时，其他共有人在同等条件下，享有优先购买权。

1. 条件

（1）对外转让

按份共有人对内转让共有份额，或按份共有人的共有份额因继承、遗赠等原因发生变化的，其他按份共有人不得主张优先购买权。

（2）同等条件

按份共有人对外转让共有份额，其他按份共有人是否行使优先购买权的决策，需要以知道对外转让条件为前提，继而以同等条件去主张优先购买权。

（3）按份共有人应在合理期限内，行使优先购买权。

2. 多个按份共有人的优先购买权

两个以上按份共有人均主张优先购买权且协商不成时，按照转让时各自份额比例行使优先购买权。

（二）承租人优先购买权

1. 优先购买权人

只有房屋承租人才享有优先购买权。动产承租人并不享有此项权利。

2. 出租人的事先通知义务

房屋租赁中，出租人欲向第三人出卖租赁物的，应当在出卖之前的"合理期间"，通知承租人，即告知出租人房屋即将出卖的事实。出租人事先通知的意义，在于为承租人主张优先购买权提供条件。

（1）"合理期间"的界定

❶原则上，出租人应当在出卖前15日通知承租人；

❷出租人委托拍卖人拍卖租赁房屋，应当在拍卖5日前通知承租人。

（2）出租人侵害承租人优先购买权的法律后果

❶承租人有权请求出租人承担赔偿责任；

❷承租人无权请求确认出租人与第三人签订的房屋买卖合同无效。

（3）优先购买权的限制。具备如下情况之一的，房屋承租人不得主张优先购买权：

❶房屋共有人行使优先购买权的；

❷出租人将房屋出卖给近亲属，包括配偶、父母、子女、兄弟姐妹、祖父母、外祖父母、孙子女、外孙子女的；

❸出租人履行通知义务后，承租人在 15 日内未明确表示购买的；

❹出租人拍卖租赁房屋，承租人未参加拍卖的；

❺受让人获得租赁房屋登记。

（三）承租人的优先承租权

租赁期限届满，房屋承租人享有以同等条件优先承租的权利。

（四）建设工程优先权

建设工程优先权，是指发包人迟延支付工程款，承包人可对所建工程的变价优先受偿的权利。

1. 主体：承包人。

2. 成立条件

（1）发包人未按照约定支付工程款的，经承包人催告后，发包人在合理期限仍不履行债务；

（2）建设工程的性质不宜折价、拍卖的，承包人也不得享有法定工程优先权。

3. 权利行使期限

建设工程优先权的行使期限为 6 个月，自发包人应当给付建设工程价款之日起算。

4. 权利行使方式

承包人可以与发包人协议将该工程折价，也可以申请人民法院将该工程依法拍卖。

5. 权利的效力

（1）优先受偿的范围

❶承包人基于建设工程优先权，可以优先受偿的工程款债权，包括承包人为建设工程应当支付的工作人员报酬、材料款等实际支出的费用；

❷承包人不得基于建设工程优先权，优先受偿因发包人违约所造成的损失。

（2）建设工程优先权与抵押权、买房人债权之间的关系

❶建筑工程优先权优先于该工程上已经设立的抵押权；

❷建筑工程优先权不对抗交付全部或者大部分房款的购房人。

四、双务合同履行抗辩权

（一）双务合同的认定

双务合同是"一个"合同。当事人双方在一个合同法律关系中互负的债务，才是双务合同中的"双务"，才具有互为对待性的关系，才有履行抗辩权。

（二）双务合同的三种履行抗辩权

1. 同时履行抗辩权

同时履行抗辩权，是指在双务合同中当事人双方互负的债务应同时履行的情况下，一方在对方履行之前，或对方履行债务不符合约定时，有权拒绝其履行要求的权利。

（1）同时履行抗辩权为当事人双方所享有。双务合同中任何一方当事人，在对方未履行或履行不合格的情况下，均有权拒绝对方履行的请求，即均享有同时履行抗辩权。

（2）在当事人双方均主张同时履行抗辩权的情况下，任何一方当事人均没有违约责任。

2. 先履行抗辩权

先履行抗辩权，又称顺序履行抗辩权，是指在双务合同的当事人双方

债务的履行存在先后顺序的情况下，在先履行一方未履行债务，或者履行债务不符合约定时，后履行一方有权拒绝对方相应的履行请求。

（1）先履行抗辩权，为后履行一方当事人所享有；

（2）在主张先履行抗辩权的情况下，因先履行一方已经构成现实违约，故后履行一方在享有先履行抗辩权的同时，还有权请求先履行一方承担现实违约责任。

3. 不安抗辩权

不安抗辩权，是指在双务合同的当事人双方债务的履行存在先后顺序的情况下，在后履行一方有不履行债务之可能的情况下，先履行一方所享有的拒绝对方履行请求的权利。

（1）不安抗辩权，为先履行一方当事人所享有；

（2）后履行一方在合理期间内，未恢复履行能力，且未提供适当担保的，先履行一方有权解除合同，并追究对方的预期违约责任。

同时履行抗辩权、先履行抗辩权、不安抗辩权的要点比较

	抗辩权人	主张抗辩权的条件	对方的违约责任
同时履行抗辩权	双　　方	双方债务到期，且对方未履行或履行不合格	无违约责任
先履行抗辩权	后履行方	对方债务到期，且未履行或履行不合格	现实违约责任
不安抗辩权	先履行方	自己债务到期，但能证明不安事由	预期违约责任

4. 等价抗辩原则

（1）含义。主张双务合同抗辩权的，抗辩权人拒绝履行的范围，应当与对方不履行的范围相适应。

（2）前提。抗辩权人的债务为可分债务。

5. 多段履行

多段履行，是指在双务合同中，存在履行先后顺序的当事人一方或者双方，其债务履行方式为两次或者两次以上，并与对方债务的履行顺序交叉的情形。对于这种多段履行的情况，按照履行的先后顺序，以"分组把握"的方式来分析，来确定当事人债务的履行顺序，并确定双务合同抗辩权的行使。

[例] 甲乙订立买卖合同，约定甲先交预付款，乙后交货，甲最后付余款。

（1）如果甲未交预付款，乙能否拒绝交货？

回答 可以。凭先履行抗辩权。

（2）如果乙有可能无法交货，甲能否中止支付预付款？

回答 可以。凭不安抗辩权。

（3）如果乙未交货，甲能否拒付余款？

回答 可以。凭先履行抗辩权。

（4）如果甲有可能不付余款，乙能否中止交货？

回答 可以。凭不安抗辩权。

6. 双务合同抗辩权的表现：供用电合同中供电人的中止供电

（1）含义

中止供电，是指因用电人迟延交付电费情况下，供电人中止供电的情形。供电人中止供电行为的本质，为供电人行使先履行抗辩权。

（2）供电人电费债权的保护手段

❶用电人逾期不交付电费的，应当按照约定支付违约金。

❷经催告用电人在合理期限内仍不交付电费和违约金的，供电人可以中止供电。可见，用电人"经催告后在合理期间内仍不履行"，才是供电人"中止供电"的事由。

五、合同履行的后果

（一）公示原则

1. 公示的方式

（1）原则

不动产物权公示的方式，为登记；动产物权公示的方式，则为占有。

（2）例外

❶交通工具的所有权公示方式，为所有权登记；

❷动产抵押权的公示的方式，为抵押权登记；

❸动产保留所有权买卖中，出卖人所有权的公示方式，为所有权登记；

❹融资租赁合同中，出租人所有权的公示方式，为所有权登记。

2. 公示的效力

	合同生效	公示（交付、登记）完成
强制公示	债权关系产生	物权变动、合同履行
任意公示	物权变动+其他债权关系的产生	对抗第三人

基于合同引起物权变动时，何种情形属于强制公示，何种情形属于任意公示，可以通过"排除法"的方式予以把握，即以强制公示为原则，以任意公示为例外。作为例外，任意公示的情形包括四类：

（1）动产抵押；

（2）土地承包经营权的互换、转让，即发生在承包权人之间的承包权的流转；

（3）流转期限5年以上的土地经营权；

（4）地役权的设立。

3. 不属于强制公示与任意公示的两种特殊情形

（1）土地承包经营权的设立

	承包合同	登　记
土地承包权的设立	承包权设立、具备对抗效力	非物权变动要件、非对抗要件

（2）交通运输工具的所有权变动

	买卖合同	交　付	登　记
交通工具所有权变动	债权效力	物权变动	对抗第三人

交通运输工具所有权的"二元判断视角"：

❶"是谁的"这一静态问题的判断，以登记为准；

❷在动态的交易中，"所有权是否转移"这一问题的判断，以交付为准。

（二）买卖标的物孳息收取权转移的时间

1. 原则

买卖标的物所生的孳息，其收取权随标的物的直接占有的转移而转移，即标的物在直接占有转移之前产生的孳息，归出卖人所有；之后产生的孳息，归买受人所有。

2. 具体表现

（1）不动产买卖中，买受人占有不动产之后，无论是否办理过户登记手续，买受人均可取得该不动产所产生的孳息；反之，买受人占有不动产之前，无论是否办理过户登记手续，该不动产的孳息均由出卖人取得。

（2）动产买卖中，出卖人将动产现实交付予买受人（包括保留所有权），或简易交付予买受人之后，该动产的孳息由买受人取得。

第❿讲　违约责任

一、违约责任的构成：是否承担违约责任？

（一）归责原则

违约责任的归责原则，是指债务人违约责任的承担，是否应当以"过错"作为条件。

1. 原则上，违约责任的承担，采取严格责任原则。其表现是：

（1）债务人是否承担违约责任，只看违约的事实，不问债务人的过错。

（2）因第三人原因导致债务人违约，债务人依然要向债权人承担违约责任。至于债务人与第三人之间的纠纷，按照相关法律规定或者约定来解决。

2. 严格责任原则的例外

（1）在无偿合同中，由于债务人债务的负担没有回报，因此只有在债务人具有"故意"或"重大过失"的情况下，才承担违约责任；

（2）有偿的保管合同、委托合同、客运合同旅客随身物品损害的情况下，保管人、受托人、承运人违约责任的承担，应当以"过错"为条件。

（二）赠与合同中赠与人的违约责任

尽管赠与合同为无偿合同，但是在法定情况下，赠与人依然要承担相关的违约责任。其情形包括：

1. 品质瑕疵担保责任

（1）赠与人故意不告知瑕疵或者保证无瑕疵，造成受赠人损失的，应当承担损害赔偿责任；

（2）附义务的赠与，赠与的财产有瑕疵的，赠与人在附义务的限度内承担品质瑕疵担保责任。

2. 致赠与物毁损、灭失的损害赔偿责任

（1）赠与人故意或重大过失致使赠与的财产毁损、灭失的时间，需为标的物财产权利转移予受赠人之前。否则，赠与人的行为构成侵权，需赔偿的损失为侵权责任。

（2）赠与人损害赔偿责任的承担，需以赠与人负有赠与义务为前提，即赠与人并未行使任意撤销权、赠与拒绝权，或不能行使上述权利。否则，赠与人行使上述权利，其赠与义务消灭，损害赔偿责任也就无从谈起。

（三）运输合同中承运人的违约责任

1. 客运合同中承运人的违约赔偿责任

（1）旅客的界定

旅客，为与承运人存在客运合同关系的人。旅客身份是追究承运人违约责任的逻辑前提。其范围包括：

❶ 持票旅客；

❷ 免票旅客；

❸ 持优待票旅客；

❹ 经承运人许可搭乘的无票旅客。

（2）客运合同承运人对旅客人身损害的违约赔偿责任

客运合同中承运人对旅客人身损害的违约赔偿责任的承担，采取无过错责任原则。其免责事由有二：

❶ 旅客人身损害，是旅客自身健康原因造成的；

❷ 旅客人身损害，是旅客故意、重大过失造成的。

（3）客运合同中承运人对旅客财产损害的违约赔偿责任

❶ 在运输过程中旅客自带物品毁损、灭失，承运人有过错的，应当承担损害赔偿责任；

❷ 在运输过程中旅客托运的行李毁损、灭失的，适用货物运输中承运人对货物毁损灭失的违约赔偿责任规则。

2. 货物运输中承运人对货物毁损灭失的违约赔偿责任

归责原则与客运合同相同，货运合同中承运人对货物毁损灭失的违约赔偿责任的承担，也采取无过错责任原则。其免责事由有三：

（1）货物毁损灭失，是因不可抗力造成；

（2）货物毁损灭失，是因货物本身的自然性质或者合理损耗造成；

（3）货物毁损灭失，是因托运人、收货人的过错造成。

二、违约责任的主体：谁承担违约责任？

（一）融资租赁合同中租赁物品质瑕疵担保责任

1. 出卖人承担违约责任

三方可约定，由承租人向出卖人追究违约责任。此时：

（1）出租人应当协助承租人行使索赔权利。否则，导致索赔失败的，出租人向承租人承担赔偿责任。

（2）出租人明知租赁物有质量瑕疵而不告知承租人，导致索赔失败的，出租人向承租人承担赔偿责任。

2. 出租人承担违约责任的条件

（1）承租人依赖出租人的技能确定、选择租赁物；

（2）出租人干预选择租赁物。

在出租人应向承租人承担违约责任的情况下，承租人有权请求减免租金。

（二）建设工程合同的诉讼

1. 工程质量诉讼

发包人————承包人————分包人

因建设工程质量发生争议的诉讼，不考虑建设工程合同的相对性限制。具体而言：

（1）因承包人的原因导致建筑质量瑕疵的，发包人可以承包人为被告提起诉讼。

（2）因分包人的原因导致建筑质量瑕疵的：

❶发包人可以承包人、分包人为共同被告提起诉讼，承包人、分包人应对发包人承担连带责任；

❷承包人承担责任的，有权向分包人追偿。

2. 工程款诉讼

因工程款引发的诉讼，适用债权人的代位权规则。如前所述，债权人的代位权，涉及三方当事人，即债权人、债务人、次债务人。其与建设工程合同的当事人对应如下：

发包人————承包人————实际施工人
（次债务人）　　（债务人）　　　（债权人）

（1）实际施工人可以承包人为被告提起诉讼，即债权人有权对债务人提起原债之诉。

（2）承包人可以发包人为被告提起诉讼，即债务人也有权对次债务人提起原债之诉。

（3）实际施工人可以发包人为被告提起诉讼，即债权人还有权对次债务人提起代位权之诉。在这种情况下，根据债权人代位权规则，法院应当将承包人（债务人）列为第三人，且发包人（次债务人）只在欠付工程款的范围内对实际施工人（债权人）承担责任。

（三）联运

联运，指由两个或两个以上运输人、首尾衔接的接力式货物运输方式。

联运分为两种类型：

1. 单式联运，即两个或两个以上的运输人以同一运输方式所实施的联运。

2. 多式联运，即两个或两个以上的运输人以不同运输方式所实施的联运。

	模　式	违约责任	其　他
单式联运	甲—A—B—乙	（1）A 负责 （2）损失在 B 的区段，B 连带	（无）
多式联运	经营人 | 甲—A—B—乙	经营人负责全程	多式联运单据转让，托运人对经营人的损害赔偿责任，继续承担

三、买卖合同中出卖人的品质瑕疵担保责任

（一）买受人提出品质瑕疵异议的期间

出卖人将标的物交付给买受人之后，标的物质量、数量不符合约定的，买受人应当在异议期间内提出异议，方能够追究出卖人的品质瑕疵担保责任。

1. 品质瑕疵异议期间的计算

（1）当事人有约定的，从其约定。但是，当事人对于异议期间的约定，在如下两个方面受到法律的干预：

❶当事人约定的检验期间过短，买受人在检验期间内难以完成全面检验：

第一，当事人约定的期间依然有效，但视为买受人对外观瑕疵提出异议的期间；

第二，买受人对隐蔽瑕疵提出异议的期间，为根据合同的具体情形所确定的"合理期间"。

❷存在法定标准的情形

第一，当事人约定的检验期间或者质量保证期间短于法律、行政法规规定的检验期间或者质量保证期间的，以法律、行政法规规定的检验期间或者质量保证期间为准；

第二，当事人约定的检验期间或者质量保证期间长于法律、行政法规规定的检验期间或者质量保证期间的，以当事人约定的检验期间或者质量保证期间为准。

（2）当事人没有约定的：

❶主观标准，合理期间。即买受人应当在发现或者应当发现标的物的数量或者质量不符合约定的"合理期间"内提出异议。需要注意的是，此处的"合理期间"不得长于2年。

❷客观标准，2年。即买受人自标的物收到之日起2年内未提出异议的，不得提出异议。

2.品质瑕疵异议期间的效力

（1）买受人在异议期间内提出异议，且异议成立的：

❶出卖人履行不合格，应当承担品质瑕疵担保责任；

❷除当事人另有约定外，买受人支付价款、确认欠款数额、使用标的物等事实，不构成买受人放弃异议权；

❸买受人签收的送货单、确认单等载明标的物数量、型号、规格的，除有相反证据外，推定买受人已经对数量和外观瑕疵进行了检验，并予以认可。

（2）买受人未在异议期间提出异议的：

❶买受人不得再提出异议，出卖人的履行视为合格；

❷出卖人自愿承担违约责任后，不得以异议期间经过为由反悔。

3.品质瑕疵异议期间的排除

出卖人知道或者应当知道提供的标的物不符合约定的，买受人提出品质瑕疵异议，不受前述异议期间的限制。此时，只要诉讼时效未届满，买受人即可追究出卖人的违约责任。

（二）出卖人的品质瑕疵担保责任

买受人请求出卖人承担品质瑕疵担保责任的方式包括：因标的物质量不符合质量要求，致使不能实现合同目的的，买受人可以拒绝接受标的物或者解除合同；买受人可以请求出卖人修理、更换、重作、退货、减少价

款等。

1. 买卖合同中关于"出卖人免于承担品质瑕疵担保责任"约定的效力

（1）原则上，根据合同自由原则，从其约定；

（2）例外情况是，出卖人故意或者因重大过失不告知买受人标的物瑕疵的，上述免责条款无效。

2. 买受人在缔约时知道或应当知道标的物有瑕疵的法律后果

（1）原则上，出卖人不承担品质瑕疵担保责任；

（2）例外情况是，买受人在缔约时不知道该瑕疵会导致标的物的基本效用显著降低的，其依然有权提出异议。

四、违约责任的形态之一：继续履行

继续履行，是指在债务人构成违约的情况下，根据债权人的请求，债务人应当按照合同约定的内容，继续履行合同债务的违约责任形态。

（一）金钱之债必须继续履行

由于金钱为特殊的种类物，其不发生履行不能的情形，因此以金钱为给付标的的债务，只要债权人请求，债务人必须继续履行。

（二）非金钱之债

在以下情况下，非金钱之债的债务人有权拒绝债权人继续履行的请求：

1. 法律不能。即基于法律上的原因，债务已经不可能继续履行。

2. 事实不能。即基于事实上的原因，债务已经不可能继续履行。

3. 债务的标的不适于强制履行。即根据债务标的的属性，纵然债权人起诉于法院并获得胜诉，法院也难以强制债务人继续履行债务的情形。但是，债权人可以请求债务人负担由第三人替代履行的费用。

4. 债务履行费用过高。即较之于债务人承担赔偿损失、违约金责任而言，其承担继续履行责任的成本过高。

5. 债权人在合理期限内未要求履行。即表明债权人并不需要债务人继续履行背后的特定利益。

五、违约责任的形态之二：赔偿损失

违约责任中的赔偿损失，是指债务人应当赔偿因其违约给债权人所造成的损失。

（一）赔偿范围

1. 直接利益损失

直接利益损失，是指因债务人违约给债权人已经造成的实际损失。直接利益损失的赔偿，旨在恢复原状，即把债权人的财产利益，恢复到合同履行之前的状态。

2. 可得利益损失

可得利益损失，是指如果债务人正确履行债务，债权人由此本可得到却未得到的利益损失。可得利益损失赔偿，作为一种展望未来的赔偿，其范围的确定，必然以"预见"作为中心。具体来讲：

（1）预见的主体为债务人。即"债务人"所预见的债权人可得利益的损失，才属于赔偿范围。

（2）预见的时间为合同成立时。即债务人与债权人"订立合同时"，所能预见的债权人可得利益的损失，才属于赔偿范围。

（3）预见的范围应具有合理性。即可得利益必须是若债务人履行合同，债权人"必然"能够得到的利益，而不是"可能"得到的利益。

需要说明的是，因债务人迟延付款，给债权人造成的利息损失，其符合可得利益的构成要件，因而也可纳入违约责任的赔偿范围。

3. 直接利益损失赔偿、可得利益损失赔偿在委托合同中的表现

（1）背景

❶委托人或者受托人可以随时解除委托合同，且没有法定事由的限制；

❷因解除合同给对方造成损失的，除不可归责于该当事人的事由以外，应当赔偿损失。

（2）损失范围的确定规则

❶在无偿委托合同中，解除方应当赔偿因解除时间不当造成的直接损失。

❷在有偿委托合同中，解除方应当赔偿对方的直接损失和可得利益。需要注意的是，这里的可得利益，仍需以"债务人缔约时的合理预见"为前提。

4. 债权人防止损失扩大的义务

根据诚实信用原则及附随义务，在债务人违约的情况下，债权人应当采取必要措施，防止自己损失的扩大。债权人怠于履行此项义务，对扩大的损失，不得请求债务人承担赔偿责任。

5. 过错相抵与损益相抵

（1）过错相抵，是指当事人一方违约造成对方损失，对方对损失的发生也有过错的，违约方有权主张扣减相应的损失赔偿额；

（2）损益相抵，是指当事人一方因对方违约而获有利益，违约方有权主张从损失赔偿额中扣除该部分利益。

6. 债权人迟延受领

债务人按照约定履行债务，债权人无正当理由拒绝受领的：

（1）债务人可以请求债权人赔偿增加的费用；

（2）在债权人迟延受领期间，债务人无须支付利息。

7. 加害给付

（1）含义

加害给付，是指债务人的违约行为，造成了债权人绝对权利（人格权、财产权）或受法律保护之利益的损害。

（2）法律后果

❶加害给付构成侵权责任与违约责任的竞合，债权人既可依据违约责任寻求救济，也可依据侵权责任寻求救济。债权人通过诉讼寻求保护的，应当在起诉时对其诉讼请求的依据作出选择。在一审开庭前，债权人可以

变更其请求权依据。

❷法律责任形态

第一，侵权责任形态：赔偿损失（不包括可得利益损失）；

第二，违约责任形态：赔偿损失（包括可得利益损失）、违约金、重做、更换、降价；

第三，因当事人一方的违约行为，损害对方人格权并造成严重精神损害，受损害方选择请求其承担违约责任的，不影响受损害方请求精神损害赔偿。

（二）商品房买卖合同中出卖人的惩罚性赔偿责任

类　　型	表　　现	后　　果
预售许可证欺诈	隐瞒无证事实	买受人有权主张惩罚性赔偿责任
	提供虚假证书	
一房二卖	商品房一房二卖	不能取得所有权的买受人有权主张惩罚性赔偿责任
	安置补偿房另行出卖	
出卖商品房抵押	先押后卖	
	先卖后押	

六、违约责任的形态之三：违约金

1. 违约金与赔偿损失的关系

（1）债权人既享有违约金请求权，又享有赔偿损失请求权的，应主张违约金。

（2）违约金的调整

❶如果约定的违约金"低于"造成的损失的，债权人可以请求法院或者仲裁机构予以"增加"；

❷如果约定的违约金"过分高于"造成的损失，因适用违约金对债务人不利，故债务人可以请求法院或者仲裁机构予以"适当减少"。

📖**注意：**

第一，"过分高于"的认定标准，为当事人约定的违约金超过造成损失的30%；

第二，在法院判令债务人承担违约金责任之前，应当向债务人进行释明，即询问债务人是否提出"适当减少违约金"的请求。

	条　　　件	处　　理	未申请时的释明
债权人申请增加	违约金"低于"损失	增　　加	无需释明
债务人申请减少	违约金"过分高于"（30%）损失	"适当"减少	需要释明

2. 违约金与定金的关系

当事人既约定违约金，又约定定金的，一方违约时，对方可以选择适用违约金或者定金条款。

（1）债权人选择定金的，不得再请求债务人支付违约金；

（2）债权人选择违约金的，接受定金一方应返还定金。

3. 定金与赔偿损失的关系

合同约定的定金不足以弥补一方违约造成的损失，对方请求赔偿超过定金部分的损失的，法院可以并处，但定金和损失赔偿的数额总和不应高于因违约造成的损失。

热点案例一 工行宣城龙首支行诉柏冠公司等金融借款合同纠纷案

【案情】

事实一： 2012 年 4 月 20 日，中国工商银行股份有限公司宣城龙首支行（以下简称"工行宣城龙首支行"）与宣城柏冠贸易有限公司（以下简称"柏冠公司"）签订《小企业借款合同》，约定柏冠公司向工行宣城龙首支行借款 300 万元，借款期限为 7 个月，自实际提款日起算，2012 年 11 月 1 日还 100 万元，2012 年 11 月 17 日还 200 万元。涉案合同还对借款利率、保证金等作了约定。同年 4 月 24 日，工行宣城龙首支行向柏冠公司发放了上述借款。

事实二： 2012 年 10 月 16 日，江苏凯盛置业有限公司（以下简称"凯盛公司"）股东会决议决定，同意将该公司位于江苏省宿迁市宿豫区江山大道 118 号-宿迁红星凯盛国际家居广场（房号：B-201、产权证号：宿豫字第 201104767）房产，抵押与工行宣城龙首支行，用于亿荣达公司商户柏冠公司、闽航公司、航嘉公司、金亿达公司四户企业在工行宣城龙首支

行办理融资抵押，因此产生一切经济纠纷均由凯盛公司承担。同年 10 月
23 日，凯盛公司向工行宣城龙首支行出具一份房产抵押担保的《承诺函》，
同意以上述房产为上述四户企业在工行宣城龙首支行融资提供抵押担保，
并承诺若该四户企业不能按期履行工行宣城龙首支行的债务，上述抵押物
在处置后的价值不足以偿还全部债务，凯盛公司同意用其他财产偿还剩余
债务。该承诺函及上述股东会决议均经凯盛公司全体股东签名及加盖凯盛
公司公章。

2012.4.20	2012.10.16	2012.10.23
《借款合同》	决议作出	《承诺函》

事实三：2012 年 10 月 24 日，工行宣城龙首支行与凯盛公司签订《最
高额抵押合同》，约定凯盛公司以宿房权证宿豫字第 201104767 号房地产权
证项下的商铺为自 2012 年 10 月 19 日至 2015 年 10 月 19 日期间，在 4000
万元的最高限额内，工行宣城龙首支行依据与柏冠公司、闽航公司、航嘉
公司、金亿达公司签订的借款合同等主合同而享有的对债务人的债权提供
抵押担保，担保的范围包括主债权本金、利息、实现债权的费用等。同
日，双方对该抵押房产依法办理了抵押登记，工行宣城龙首支行取得宿房
权证宿豫第 201204387 号房地产他项权证。

2012.4.20	2012.10.16	2012.10.23	2012.10.24
《借款合同》	决议作出	《承诺函》	《最高额抵押合同》
			（2012.10.19~2015.10.19）

事实四：2012 年 11 月 3 日，凯盛公司再次通过股东会决议，并同时
向工行宣城龙首支行出具房产抵押承诺函，股东会决议与承诺函的内容及
签名盖章均与前述相同。当日，凯盛公司与工行宣城龙首支行签订《补充
协议》，明确双方签订的《最高额抵押合同》担保范围包括 2012 年 4 月 20
日工行宣城龙首支行与柏冠公司、闽航公司、航嘉公司和金亿达公司签订

的四份贷款合同项下的债权。

2012.4.20	2012.10.16	2012.10.23	2012.10.24	2012.11.3

《借款合同》　决议作出　《承诺函》《最高额抵押合同》　《补充协议》

（2012.10.19~2015.10.19）（2012.4.20债权纳入）

事实五：柏冠公司未按期偿还涉案借款，工行宣城龙首支行将其诉至宣城市中级人民法院，请求判令柏冠公司偿还借款本息及实现债权的费用，并要求凯盛公司以其抵押的宿房权证宿豫字第 201104767 号房地产权证项下的房地产承担抵押担保责任。凯盛公司以涉案《补充协议》约定的事项未办理最高额抵押权变更登记为由，进行抗辩。

（来源：最高人民法院指导案例 95 号）

核心考点

担保意思形成与担保意思表示　不动产抵押权的设立　保证允诺　抵押权所担保的债权范围　最高额抵押权　最高额抵押权所担保的债权范围　一物多押部分抵押权的变更

根据事实一、事实二，请回答如下问题：（共 12 分）

1. 10 月 16 日，凯盛公司作出股东会决议时，是否与工行宣城龙首支行缔结了抵押合同？为什么？（2 分）

2. 10 月 23 日，凯盛公司向工行宣城龙首支行出具《承诺函》时，是否与工行宣城龙首支行缔结了抵押合同？为什么？（2 分）

3. 10 月 23 日，凯盛公司向工行宣城龙首支行送达《承诺函》后，工行宣城龙首支行是否对"宿豫字第 201104767"房产享有抵押权？为什么？（2 分）

4. 10 月 23 日，凯盛公司向工行宣城龙首支行送达《承诺函》后，工行宣城龙首支行是否有权请求凯盛公司办理"宿豫字第 201104767"房产的抵押登记手续？为什么？（2 分）

5. 10 月 23 日，凯盛公司向工行宣城龙首支行所送达的《承诺函》

中，"上述抵押物在处置后的价值不足以偿还全部债务，凯盛公司同意用其他财产偿还剩余债务"的表述，是抵押意思，还是保证意思？为什么？（2分）

6. 设：凯盛公司办理了"宿豫字第201104767"房产的抵押登记手续，2012年4月20日工行宣城龙首支行基于《小企业借款合同》对柏冠公司所享有的债权，是否属于抵押权担保的范围？为什么？（2分）

✎ 答题区

解题思路

1. 公司股东会是公司法人的机关，故股东会的决议，形成了公司的意志。因此，2012 年 10 月 16 日，凯盛公司所作出的以"将宿豫字第 201104767 房产抵押与工行宣城龙首支行，用于亿荣达公司商户柏冠公司、闽航公司、航嘉公司、金亿达公司四户企业在工行宣城龙首支行办理融资抵押"的股东会决议，性质是凯盛公司形成了"愿意担任抵押人"的意思。然而，抵押合同是

抵押人与债权人所订立的担保合同，需要以双方作出意思表示并达成合意为成立要件。由于凯盛公司于 10 月 16 日所作出的股东会决议，仅仅是一方的意思，其并未向工行宣城龙首支行作出表示，且未与工行宣城龙首支行达成合意，故此时抵押合同并不成立。

2. 10 月 23 日，凯盛公司向工行宣城龙首支行出具书面《承诺函》，向工行宣城龙首支行表达了提供抵押担保的意思，此时，凯盛公司已经将 10 月 16 日所形成的"抵押意思"表达于外。在《民法典》上，担保人愿意承担担保责任的函件，可以视为担保合同，故《承诺函》到达凯盛公司之时，抵押合同成立。

3. 在《民法典》上，不动产抵押权的设立，采取强制公示的物权变动模式，即抵押权的设立必须以办理抵押登记为要件。因此，10 月 23 日，《承诺函》到达工行宣城龙首支行之时，凯盛公司与工行宣城龙首支行之间虽然达成了抵押合同，但是因尚未办理抵押登记手续，故工行宣城龙首支行对"宿豫字第 201104767"房产并不享有抵押权。

4. 根据不动产抵押的强制公示物权变动模式，尽管在办理不动产抵押登记之前，抵押权不设立，但是不动产抵押合同却具有债权效力。基于此项效力，债权人有权请求抵押人办理抵押登记手续，抵押人则承担办理抵押登记的债务。进而，若抵押人未如约办理抵押登记手续，则构成抵押合同的违约。因此，10 月 23 日，《承诺函》到达工行宣城龙首支行之时，工行宣城龙首支行即有权请求凯盛公司办理抵押登记手续。

5. 抵押允诺的内容是"债务人到期不履行债务，抵押人以特定财产（抵押物）清偿"；保证允诺的内容是"债务人到期不履行债务，保证人以一般财产清偿"。10 月 23 日，凯盛公司向工行宣城龙首支行所送达的《承诺函》中，"上述抵押物在处置后的价值不足以偿还全部债务，凯盛公司同意用其他财产偿还剩余债务"的表述，针对的是"抵押物不能偿还的债权"。这部分债权的担保方式，是"用其他财产偿还"，即不涉及凯盛公司的特定财产，故凯盛公司对这部分债务的担保意思，为保证意思。

6. 一般情况下，担保物权是从权利，主债权的成立是担保物权成立的前提。故担保物权所担保的债权，只能是担保物权成立时，债权人对债务人已经享有的债权。如果凯盛公司办理了"宿豫字第 201104767"房产的抵押登记手续，则自办理抵押登记之日，抵押权成立。此时，该抵押权所担保的债权，为抵押权成立时，工行宣城龙首支行对柏冠公司、闽航公司、航嘉公司、金亿达公司四位债务人的全部债权。其中，2012 年 4 月 20 日工行宣城龙首支行基于《小企业借款合同》对柏冠公司所享有的债权，因还款期为 2012 年 11 月，其尚未清偿，故属于抵押权担保的范围。

📑 答题要点

1. 否。（1 分）凯盛公司并未向工行宣城龙首支行作出抵押意思表示。（1 分）

2. 是。（1 分）担保人表明愿意承担担保责任的函件，可以视为担保合同。（1 分）

3. 否。（1 分）凯盛公司未向工行宣城龙首支行办理抵押登记手续。（1 分）

4. 是。（1 分）不动产抵押合同具有债权效力，抵押人承担办理抵押登记的债务。（1 分）

5. 保证意思。（1 分）凯盛公司"用其他财产偿还"，不涉及特定财产，故为保证意思。（1 分）

6. 是。（1 分）抵押权成立时，工行宣城龙首支行对柏冠公司的债权已经成立。（1 分）

根据事实一、事实三，请回答如下问题：（共 4 分）

1. 2012 年 10 月 24 日，工行宣城龙首支行与凯盛公司签订《最高额抵押合同》并办理抵押登记后，工行宣城龙首支行是否享有抵押权？为什么？（2 分）

2. 2012 年 10 月 24 日，工行宣城龙首支行与凯盛公司签订《最高额抵押合同》，所担保的主债权，是否包括 4 月 20 日工行宣城龙首支行与柏冠公司签订的《小企业借款合同》？为什么？（2 分）

✐ 答题区

▶ 解题思路

1. 不动产抵押权的设立，采取强制公示的物权变动模式。不动产的最高额抵押，依然是不动产抵押，故抵押人与抵押权人订立不动产抵押合同并办理抵押登记后，抵押权设立。本案中，2012 年 10 月 24 日，工行宣城龙首支行与凯盛公司签订《最高额抵押合同》并办理抵押登记后，工行宣城龙首支行享有抵押权。

2. 根据《最高额抵押合同》的约定，抵押所担保的债权，为 2012 年 10 月 19 日至 2015 年 10 月 19 日之间所发生的债权，由于工行宣城龙首支行基于《小企业借款合同》对柏冠公司所享有的债权成立于 2012 年 4 月 20 日，故该项债权不属于《最高额抵押合同》所担保的范围。

▶ 答题要点

1. 是。（1 分）《最高额抵押合同》订立后，办理了抵押登记。（1 分）

2. 否。（1 分）《最高额抵押合同》所担保的债权，为 2012 年 10 月 19 日至 2015 年 10 月 19 日之间所发生的债权，而工行宣城龙首支行基于《小企业借款合同》对柏冠公司所享有的债权成立于 2012 年 4 月 20 日。（1 分）

根据事实四，请回答如下问题：（共 4 分）

1. 2012 年 11 月 3 日，凯盛公司与工行宣城龙首支行订立《补充协议》，其与《最高额抵押合同》的关系是什么？为什么？（2 分）

2. 2012 年 11 月 3 日，凯盛公司与工行宣城龙首支行订立《补充协议》后，工行宣城龙首支行于 4 月 20 日基于《小企业借款合同》对柏冠公司所享有的债权，是否受最高额抵押的担保？为什么？（2 分）

✏ 答题区

解题思路

1. 2012 年 10 月 24 日，工行宣城龙首支行与凯盛公司签订《最高额抵押合同》并办理抵押登记后，抵押所担保的债权，为 2012 年 10 月 19 日至 2015 年 10 月 19 日之间所发生的债权。《补充协议》将 2012 年 4 月 20 日工行宣城龙首支行与柏冠公司、闽航公司、航嘉公司和金亿达公司签订的四份贷款合同项下的债权，纳入最高额抵押权担保的范围，故《补充协议》是抵押人与抵押权人对"将最高额抵押成立前已经发生的债权纳入最高额抵押担保"的特别约定。

2. 原则上，最高额抵押所担保的债权，为最高额抵押成立后连续发生的债权。但是，经抵押人与抵押权人的特别约定，也可将最高额抵押成立前已经发生的债权纳入最高额抵押担保的范围。本案中，工行宣城龙首支行基于《小企业借款合同》对柏冠公司所享有的债权成立于 2012 年 4 月 20 日，故依照《补充协议》，属于最高额抵押担保的范围。

答题要点

1. 抵押人与抵押权人对"将最高额抵押成立前已经发生的债权纳入最高额抵押担保"的特别约定。（1 分）因为《补充协议》将 2012 年 4 月 20 日最高额抵押权设立之前的债权，纳入了最高额抵押权担保的范围。（1 分）

2. 是。（1 分）经抵押人与抵押权人的特别约定，可将最高额抵押成立前已经发生的债权纳入最高额抵押担保的范围。（1 分）

根据事实一、事实二、事实四、事实五，请回答如下问题：（4 分）

1. 凯盛公司能否以《补充协议》约定的事项未办理最高额抵押权变更登记为由，拒绝承担担保责任？为什么？（2 分）

2. 设：2012 年 10 月 28 日，凯盛公司将"宿豫字第 201104767"房产抵押给建设银行，用以担保柏冠公司从建设银行的贷款，并于同日办理了抵押登记手续。未经建设银行的同意，基于《补充协议》所纳入最高额抵押担保的债权，是否有优先于建设银行抵押权受偿的效力？为什么？（2 分）

✒ 答题区

▶ 解题思路

1. 抵押权的变更，是指抵押物、所担保的债权额等事项的变更。由于不动产抵押权的设立，采取强制公示的物权变动模式，故不动产抵押权的变更，也需以办理变更登记手续为要件。然而，在最高额抵押中，抵押人与抵押权人"将最高额抵押成立前已经发生的债权纳入抵押担保范围"的约定，变更的是最高额抵押所担保的系列债权的内容，最高额抵押的标的、最高债权额、债权确定期间等事项并未发生变更，故不属于最高额抵押权的变更，因而无需办理变更登记手续。因此，凯盛公司不得以《补充协议》约定的事项未办理最高额抵押权变更登记为由，拒绝承担担保责任。

2. 一物多押的情况下，部分抵押权变更，未经其他抵押权人同意，不得影响其他抵押权人的利益。在本题中，凯盛公司与工行宣城龙首支行之间的《最高额抵押合同》于 2012 年 10 月 24 日订立，并于同日办理抵押登记。如果凯盛公司于 10 月 28 日将同一房产抵押给建设银行，因工行宣城龙首支行的最高额抵押权已经登记，故建设银行的法律地位是：第一，居于第二顺位；第二，无论抵押物售出多少钱，在工行宣城龙首支行的最高额抵押权行使后，抵押房产有余额的，建设银行才能受偿。在此基础上，2012 年 11 月 3 日，凯盛公司与工行宣城龙首支行所订立的《补充协议》，尽管将以前的债权纳入最高额抵押的担保范围，但是并未变更该最高额抵押的最高担保额，即并未增加第一顺位抵押权人的受偿数额，故并未损害建设银行的利益。因此，《补充协议》所增加的债权，依然具有优先于建设银行受偿的效力。

▶ 答题要点

1. 否。（1 分）抵押人与抵押权人"将最高额抵押成立前已经发生的债权纳入抵押担保范围"的约定，不属于最高额抵押权的变更，无需变更登记。（1 分）

2. 是。（1 分）建设银行的抵押权为第二顺位，其只能在工行宣城龙首支行受偿后受偿。凯盛公司与工行宣城龙首支行所订立的《补充协议》，并未增加第一顺位抵押权人的受偿数额，故并未损害建设银行的利益。（1 分）

热点案例二 汤龙等诉彦海公司商品房买卖合同纠纷案

【案情】

汤龙、刘新龙、马忠太、王洪刚与新疆鄂尔多斯彦海房地产开发有限公司（以下简称"彦海公司"）于2013年先后签订多份借款合同，通过实际出借并接受他人债权转让，取得对彦海公司合计2.6亿元借款的债权。该债权陆续到期后，因彦海公司未偿还借款本息，双方经对账，确认彦海公司尚欠四人借款本息361 398 017.78元。

双方随后终止借款合同关系，重新签订商品房买卖合同，约定彦海公司将其名下房屋出售给四人，上述欠款本息转为已付购房款，剩余购房款38 601 982.22元，待办理完毕全部标的物产权转移登记后一次性支付给彦海公司。

汤龙等四人提交的与彦海公司的对账表显示，双方之间的借款利息系分别按照月利率3%和4%、逾期利率10%计算，并计算复利。

房屋买卖合同订立后，彦海公司到期未向四位买受人办理交房、过户手续。理由是：四人与彦海公司没有购买和出售房屋的意思表示，双方之间房屋买卖合同名为买卖实为借贷，该商品房买卖合同系为借贷合同的担保，该约定违反了关于禁止流质约款的规定，应属无效。四位买受人遂将彦海公司诉至法院。

（来源：最高人民法院指导案例72号）

请回答如下问题：（共10分）

1. 本案中的当事人关系，是不是代物清偿？为什么？（2分）

2. 本案中的当事人关系，是否名为买卖实为借贷？为什么？（2分）

3. 本案中的当事人关系，是否为让与担保？为什么？（2 分）

4. 本案中的当事人关系，是否违反流质约款禁止规则？为什么？（2 分）

5. 本案中原告的债权数额，是否应当无条件地加以确认？为什么？（2 分）

▶ **核心考点**

代物清偿　买卖合同　借款合同　让与担保　流质约款　民间借贷利率限制

✒ **答题区**

解题思路

1. 代物清偿又称以物抵债，是指基于债权人与债务人的约定，债务人以他种给付代替其所负担的给付。代物清偿的特点有二：①代物清偿是以其他给付替代债务人原本所承担的给付义务，故属于履行方式的变通，而非终止原债，缔结新债；②代物清偿必须以债权人与债务人之间达成代物清偿协议为前提。代物清偿协议的性质为实践合同，以抵债之物的交付为成立条件。如果在抵债之物交付之前，任何一方反悔，债权人依然有权请求债务人按照原给付履行债务。在本案中，汤龙等四人与彦海公司原来的法律关系为借款关系，后来双方"终止借款合同关系，重新签订商品房买卖合同"的意思明确，可知当事人之间的关系并不是彦海公司以房屋抵偿欠汤龙等四人的借款，故不属于代物清偿。

2. 在"名为买卖实为借贷"的关系中，买卖为虚假意思表示，当事人在买卖合同的订立过程中，并不存在追求买卖法律关系的效果意思；借贷是隐藏意思表示，是在买卖（虚假意思表示）掩盖下的真实交易。在我国民法中，虚假意思表示无效，隐藏意思表示合法则有效，非法则无效。在本案中，汤龙等四人与彦海公司之间的借款关系是真实的，双方终止借款关系后，另行订立的买卖合同也是真实的。故不存在以买卖的形式掩盖借贷的目的，故不属于"名为买卖实为借贷"。

3. 让与担保是以买卖合同作为借贷合同的担保，故买卖是手段，借贷是目的。让与担保具有两个特征：①当事人之间并不存在真实的买卖效果意思，即当事人订立买卖合同的目的，并非在于买卖本身，而是以买卖作为借贷关系的担保手段；②在让与担保中，正是由于当事人之间订立买卖合同的目的，在于担保借贷合同的履行，故一旦借款人履行了还本付息义务，买卖即告解除。在本案中，汤龙等四人与彦海公司是在借款合同终止之后，另行订立的买卖合同，并不存在"通过买卖担保借贷"的事实，故不属于让与担保。

4. 流质约款是指当事人在担保合同当中约定，在债务人到期不履行债务的情况下，担保财产在不经评估作价、没有多退少补的前提下，即由债权人取得。流质约款的基本特征在于，不考虑偿债之物与债额之间的关系，故为我国民法所禁止。通常，流质约款禁止规则适用于担保物权领域，如抵押、质押。但是，在担保物权之外的领域，如保留所有权买卖中出卖人取回后的再卖权制度、融资租赁合同中出租人取回后的清算制度，本质均为要求债权人以物的价值来偿债，故体现了流质约款禁止的法律考量。在本案中，汤龙等四人与彦海公司订立买卖合同，以债权作价金，并且约定了债权额不足以抵偿价金时的剩余购房款的支付问题，这些事实均表明，在当事人的交易中，既非以房屋作为借款的担保，也未不考虑房屋的价值与债权额的关系，故不存在流质约款的问题。

5. 汤龙等四人与彦海公司所订立的借贷合同，为民间借贷，故应受民间借贷合同利率的限制。《最高人民法院关于审理民间借贷案件适用法律若干问题的规定》第 26 条规定："借贷双方约定的利率未超过年利率 24%，出借人请求借款人按照约定的利率支付利息的，人民法院应予支持。借贷双方约定的利率超过年利率36%，超过部分的利息约定无效。借款人请求出借人返还已支付的超过年利率36%部分的利息的，人民法院应予支持。"在本案中，双方之间的借款利息系分别按照月利率3%和4%、逾期利率10%计算，并计算复利，可知汤龙等四人对彦海公司的债权总额，已经超过了按照年利率24%计算的本息总和。故超过年利率24%的部分，彦海公司有权拒绝支付，其不能作为充抵房款的债权。

答题要点

1. 否。（1分）双方"终止借款合同关系，重新签订商品房买卖合同"的事实表明，彦海公司并非以房屋抵偿欠汤龙等四人的借款。（1分）

2. 否。（1分）当事人双方在终止借贷关系后，所另行订立的买卖合同是真实的。（1分）

3. 否。（1分）当事人是在借贷合同终止之后，另行订立买卖合同，并不存在"通过买卖担保借贷"的事实。（1分）

4. 否。（1分）当事人以债权作房款，且债权额不足以抵偿价金时的剩余购房款需另行支付。（1分）

5. 否。（1分）本案当事人的债权总额，已经超过了按照年利率24%计算的本息总和。故超过年利率24%的部分，彦海公司有权拒绝支付。（1分）

 模考演练一　科达公司商品房买卖合同案

练 习 1

【案情】

2017 年 8 月，科达公司对外打出"美好家园"售房广告，称"小区内有百余棵百年大树形成都市森林"。远洋公司法定代表人王总极其注重居住环境，遂于 8 月 20 日与科达公司订立"商品房买卖合同"约定：王总购买 100 平方米面积的房 A，2 万元/平方米，王总在合同订立后支付全部价款，科达公司同时交付房屋。科达公司得知王总身份后，遂提出由远洋公司为王总的房款债务提供保证，王总遂在"房屋买卖合同"中载明"远洋公司对王某的债务承担连带保证责任"，并在合同上签署"远洋公司董事长王某"，但并未加盖远洋公司的印章。

及至付款日，王总未如约向科达公司交付房款，科达公司遂向远洋公司发函，要求远洋公司承担连带保证责任。远洋公司提出：第一，"商品

房买卖合同"中并无远洋公司的印章，故远洋公司不承担保证责任；第二，王总代表远洋公司作出为自己价金债务提供担保的意思表示，并未经远洋公司的决议，故远洋公司不承担保证责任。

问题：（共6分）

1. 王总购买"美好家园"小区房 A 的行为，是个人行为，还是代表行为？为什么？（1分）

2. 王总为科达公司提供保证的行为，是个人行为，还是代表行为？为什么？（1分）

3. 远洋公司所提出的自己未盖章，故不承担保证责任的理由，能否成立？为什么？（2分）

4. 远洋公司所提出的公司并未决议，故不承担保证责任的理由，能否成立？为什么？（2分）

▶ **核心考点**

法定代表人个人行为与代表行为的区分　代表行为与法人印章的关系　法定代表人越权代表的法律后果

✏ **答题区**

（答题横线区域，空白）

答题要点

1. 王总是以自己名义购买商品房，个人行为。（1分）

2. 王总是以远洋公司的名义提供保证，代表行为。（1分）

3. 不成立。（1分）法人对法定代表人行为承担后果，不考虑是否加盖公章、加盖的章是否为假章、所盖之章是否与备案公章不一致等问题。（1分）

4. 成立。（1分）法定代表人违反《公司法》第16条的规定，为他人提供担保的，视为相对人应当知道法定代表人越权代表，法人有权拒绝承担代表行为的后果。（1分）

练 习 2

【案情】

王总为支付购房款，与马小云订立借款合同，借马小云 200 万元，约定借期 1 年，年利率 10%。同时，王总与马小云约定，借款到期后，王总以自有的房屋 C 抵债。此外，张某以自有的别墅 B 向马小云设定抵押，担保王总的本息偿付债务，办理了抵押登记手续。王总于 2017 年 12 月 1 日向科达公司支付了购房款，科达公司同时将房屋 A 向王总交付。

借款到期后，王总未如约向马小云偿还借款本息，马小云遂向法院提起诉讼，请求王总交付房屋 C，并办理过户登记手续。

问题：（共 4 分）

1. 法院应如何处理马小云的诉讼请求？为什么？（2 分）

2. 现马小云执意要以以物抵债协议为依据，请求王总交付房屋 C，并办理过户登记手续，法院应如何处理？（2 分）

▶ 核心考点

履行期届满前达成的以物抵债协议的效力　　履行期届满前达成的以物抵债协议的司法处理

✎ 答题区

▶ 答题要点

1. 当事人在债务履行期届满前达成以物抵债协议，债权人请求债务人交付的，法院应当向其释明，其应当根据原债权债务关系提起诉讼。（2分）

2. 经释明后，当事人拒绝变更诉讼请求的，法院应当驳回其诉讼请求。（2分）

【案情】

马小云败诉后，又以与王总之间订立的借款合同为依据，再次向法院提起诉讼，请求王总偿还借款本息，并请求张某承担抵押担保责任。经法院审理查明，马小云尚有建设银行借款300万元未偿还。

问题：（共9分）

1. 马小云与王总的借款合同效力如何？为什么？（2分）

2. 法院是否应判令王总偿还 200 万元本金？为什么？（2分）

3. 法院是否应判令王总偿还 20 万元利息？为什么？（1分）

4. 法院应否判令张某承担抵押担保责任？为什么？（2分）

5. 设：法院又查明，马小云拥有现金资产 5000 万，随时可以动用。马小云与王总的借款合同效力如何？为什么？（2分）

核心考点

民间借贷合同的效力　借贷合同无效的法律后果　担保合同的无效　担保合同无效的法律后果

答题区

📄 答题要点

1. 无效。（1分）非自有资金出借，民间借贷合同原则上无效。（1分）

2. 是。（1分）借贷合同无效，出借的本金为不当得利，应予返还。（1分）

3. 否。（0.5分）借贷合同无效，约定的利息无效。（0.5分）

4. 否。（1分）主合同无效，担保合同无效。担保人对担保合同无效没有过错的，无需承担缔约过失责任。（1分）

5. 有效。（1分）出借人证明出借资金并非是借入资金的，民间借贷合同有效。（1分）

【案情】

在马小云与王总的诉讼过程中，宋大江替王总向马小云偿还了220万元本息，马小云遂撤回起诉。1个月后，宋大江将王总、张某诉至法院，要求王总偿还借款，且要求张某承担抵押担保责任，且表示愿意在评估作价的基础上，接受张某的别墅B所有权。一审法院判决王总向宋大江承担还款责任，且张某应承担抵押担保责任。王总、张某不服该项判决，提起上诉。

问题：（共9分）

1. 王总的上诉理由是，宋大江替自己还款，自己并不知情，更未同意。故宋大江自愿替自己还款，与自己无关，不应请求自己偿付代还款项。张某的上诉理由是，当初自己是与马小云订立的别墅B抵押合同，抵押登记记载的也是马小云的名字。自己既未与宋大江订立抵押合同，抵押登记记载的也不是宋大江的名字，且现在马小云的债权已经消灭，故自己并无抵押担保责任。

（1）王总的主张能否成立？为什么？（1分）

（2）张某的主张能否成立？为什么？（2分）

2. 设：经法院审理查明，宋大江觊觎张某的别墅B已久，多次向张某表示购买该别墅，均遭拒绝。故宋大江代王总向马小云还款的目的，在于料定王总无法向自己偿还代付款项，进而取得张某的别墅B。

（1）宋大江是否有权请求王总偿还代付款项？为什么？（2分）

（2）宋大江是否有权请求张某承担抵押担保责任？为什么？（2分）

（3）马小云是否仍有权请求王总偿还借款？为什么？（1分）

（4）宋大江是否有权请求马小云偿还代付款项？为什么？（1分）

🔽 核心考点

代为履行的条件　代为履行的效力

✒️ 答题区

（空白答题区域）

📝 答题要点

1. （1）否。（0.5分）未经债务人同意，第三人代为履行消灭债权的，依然可取得追偿权。（0.5分）

（2）否。（1分）第三人代为履行消灭债权的，可以享有原债权人的担保权。（1分）

2. （1）否。（1分）第三人代为履行，需要以对债务履行具有合法利益为条件，否则不构成代为履行。故宋大江对王总不享有追偿权。（1分）

（2）否。（1分）既然宋大江不构成代为履行，不享有追偿权，就不能享有原债权人的担保权。（1分）

（3）是。（0.5分）既然宋大江不构成代为履行，马小云的债权并未消灭。（0.5分）

（4）是。（0.5分）既然宋大江不构成代为履行，则马小云对受领的代付款项构成不当得利。（0.5分）

练 习 5

【案情】

在上诉审过程中，王总与宋大江达成以物抵债协议，约定王总以房屋 C 向宋大江抵债。协议达成后，王总、张某向法院提出申请：第一，撤回上诉；第二，请求法院出具调解书，对以物抵债协议予以确认。

问题：（共 10 分）

1. 法院应如何处理当事人撤回上诉的申请？（2 分）

2. 法院应如何处理当事人出具调解书的申请？（2 分）

3. 以物抵债协议达成后，宋大江是否有权请求王总交付抵债房屋并办理房屋过户登记手续？（2 分）

4. 以物抵债协议达成后，宋大江是否已经取得了抵债房屋的所有权？（2 分）

5. 以物抵债协议达成后，王总是否有权请求宋大江对房屋 C 评估作价、多退少补？（2 分）

核心考点

履行期届满后达成的以物抵债协议的效力　诉讼中达成的以物抵债协议的司法处理　以物抵债协议与物权变动　流质约款禁止规则在以物抵债协议中的适用

答题区

_____

_____

_____

_____

_____

_____

_____

_____

_____

_____

_____

_____

_____

_____

_____

_____

_____

_____

_____

_____

◥ 答题要点

1. 告知当事人撤回起诉。（1 分）否则，法院继续按照上诉的法律关系进行审理。（1 分）

2. 不予准许。（1 分）当事人在诉讼中达成以物抵债协议后，请求法院出具调解书予以确认的，不予准许。（1 分）

3. 是。（1 分）履行期届满后达成的以物抵债协议，为诺成合同。（1 分）

4. 否。（1 分）本案的以物抵债，是在诉讼中达成的以物抵债协议，而非

执行中法院出具的以物抵债裁定书，不具有变动物权的效力。（1分）

5. 是。（1分）以物抵债协议，依然受流质约款禁止规则的约束。（1分）

练 习 6

【案情】

2018年1月，由于房地产价格上涨迅猛，科达公司通知王总，房屋价格上涨为2.2万元/平方米，要求王总在2周内补交差价，否则科达公司将解除商品房合同，王总未予理睬。2周后，王总收到了科达公司的解除合同通知，同样未予理睬。

4个月后，科达公司将王总诉诸法院，请求王总返还房屋，理由是：第一，商品房买卖合同应当办理预售备案登记手续，而本案中的合同并未办理此手续，因此合同无效；第二，房屋虽已交付给王总，但尚未过户，王总对房屋享有债权，而科达公司享有物权。根据"物权优先于债权"的原则，科达公司有权请求王总返还房屋；第三，房地产价格猛烈上涨，原合同价格已经不能反映标的物价值，合同中关于原房价的约定，构成显失公平，故科达公司也有权撤销合同；第四，王总收到科达公司解除合同的通知后，并未在异议期间提出异议，合同已经解除，科达公司有权请求王总返还房屋。

2018年2月，科达公司与杨白劳订立商品房买卖合同，以2.2万元/平方米的价格将房屋A出卖给杨白劳，并办理了过户登记手续。

问题：（共23分）

1. 关于科达公司的观点：

（1）未办理预售备案登记手续，是否构成商品房买卖合同的无效事由？为什么？（2分）

（2）假如王总与科达公司订立的"商品房买卖合同"中明确约定，本合同以办理预售备案登记为成立条件。现双方未办理预售备案登记手续，合

同是否不成立？为什么？（2 分）

（3）"物权优先于债权"的观点，能否成立？为什么？（2 分）

（4）原合同价格已经不能反映标的价值，且构成显失公平的观点，能否成立？为什么？（2 分）

（5）王总未提出异议，合同已经解除的观点，能否成立？为什么？（2 分）

2. 关于科达公司将房屋 A 出卖给杨白劳并且过户登记一事：

（1）王总能否以自己购买在先为由，主张科达公司与杨白劳订立的商品房买卖合同无效？为什么？（2 分）

（2）王总能否请求科达公司向自己实际交付房屋 A？为什么？（2 分）

（3）王总如何维护自己的合法权益？（1 分）

（4）设：王总与科达公司订立商品房买卖合同后，办理了预告登记手续。

❶王总能否主张科达公司与杨白劳订立的商品房买卖合同无效？为什么？（2 分）

❷王总能否主张科达公司向自己过户登记？为什么？（2 分）

（5）如果王总证明：杨白劳知道科达公司先前已经将房屋 A 出卖给王总之事。王总能否以构成恶意串通为由，主张科达公司与杨白劳订立的商品房买卖合同无效？为什么？（2 分）

（6）如果王总证明：科达公司与杨白劳订立商品房买卖合同，是经蔡律师策划，科达公司与杨白劳相互配合，旨在造成既成事实，迫使王总放弃房屋 A 的买卖合同。王总能否主张科达公司与杨白劳订立的商品房买卖合同无效？为什么？（2 分）

▶ 核心考点

商品房买卖合同效力　商品房买卖预售备案登记的效力　物权与债权的关系　情势变更　显失公平　债权的效力　履行不能　商品房买卖合同中的惩罚性赔偿责任　预告登记的效力　恶意串通　继续履行责任

答题区

(答题空白横线区域)

▶ 答题要点

1.（1）不能。（1分）因为未办理预售备案登记，并不影响商品房买卖合同的效力。（1分）

（2）否。（1分）因为当事人约定以办理预售备案登记为商品房买卖合同成立条件的，从其约定。但合同一方履行主要义务、另一方接受的除外。本案中，王总的预付款已经交付。（1分）

（3）不能。（1分）因为"物权优先于债权"是就没有合同关系的当事人而言的。（1分）

（4）不能。（1分）因为案情中并无事实表明房屋价格上涨是因当事人缔约时不能预见的重大、非正常市场风险所引起，故不构成情势变更，而只能构成市场风险。市场风险不能成为变更、解除合同的依据。显失公平是指因一方利用自己优势或对方危难所导致的权利义务的显著失衡，本案中没有这一案情。（1分）

（5）否。（1分）合同解除需要以主张解除一方享有解除权为条件，而与相对人是否在异议期间提出异议无关。（1分）

2.（1）不能。（1分）王总对科达公司只享有债权请求权，没有排他性。（1分）

（2）不能。（1分）科达公司与杨白劳订立的商品房买卖合同有效，随着过户登记的完成，杨白劳即取得了房屋 A 的所有权。科达公司对王总构成履行不能，王总不得主张继续履行。（1分）

（3）请求科达公司返还已付房款、利息、赔偿损失，并请求不超过已付房款一倍的惩罚性赔偿。（1分）

（4）❶不能。（1分）买受人办理预告登记后，出卖人再次处分不动产的，再次处分不动产的合同，依然具有债权效力。（1分）

❷可以。（1分）买受人办理预告登记后，出卖人再次处分不动产的，物权不变动。科达公司并未对王总构成履行不能，王总可以主张继续履行。（1分）

（5）不能。（1分）一房二卖中，仅凭第二买受人知情，不能认定双方构成恶意串通。（1分）

（6）可以。（1分）二卖合同基于恶意串通，依法无效。（1分）

练 习 7

【案情】

2018 年 10 月，"美好家园"小区的百棵大树突然被挖出运走，取而代之的是百株树苗。原来，小区的大树是科达公司从他处借来的，现在借期已满。王总所向往的田园生活不能实现，王总萌生"退房"想法，遂向律师咨询，律师提出了一些意见。

问题：（共 12 分）

1. 科达公司关于"百棵百年大树"的商业广告，性质是要约还是要约邀请？为什么？（2分）

2. 科达公司是否构成违约？为什么？（2分）

3. 王总能否以科达公司违约为由，主张解除"商品房买卖合同"？为什么？（2分）

4. 王总能否既主张解除合同，又要求科达公司承担违约责任？为什么？（2分）

5. 王总能否撤销与科达公司订立的"商品房买卖合同"？为什么？（2分）

6. 王总能否既主张撤销合同，又要求科达公司承担违约责任？为什么？（2分）

核心考点

商品房广告的效力　合同的解除　合同的撤销

答题区

▶ 答题要点

1. 要约。（1分）商品房广告，内容明确具体、广告人未表示不受约束，为要约。（1分）

2. 是。（1分）既然该商业广告构成要约，王总与科达公司订立合同后，该要约中的允诺自动成为合同的一部分。科达公司未履行允诺，构成违约。（1分）

3. 可以。（1分）王总因小区有大树，才与科达公司订立"商品房买卖合同"。故科达公司构成根本违约，王总有权解除合同。（1分）

4. 可以。（1分）合同解除后，债权人请求债务人赔偿损失、支付违约金的违约责任请求权，不受影响。（1分）

5. 可以。（1分）科达公司构成欺诈，王总可在知道或应当知道之日起1年内，诉请法院撤销该合同。（1分）

6. 否。（1分）合同撤销后的损害赔偿，是缔约过失责任，而非违约责任。（1分）

練 習 8

【案情】

2018年6月，王总向法院提起诉讼，以科达公司构成欺诈为由，请求法院确认自己与科达公司订立的商品房买卖合同无效。经审理，一审法院以"欺诈系撤销事由，而非无效事由，故对原告主张无效不予支持"为由，驳回王总的诉讼请求。王总不服一审判决，遂提起上诉。

问题：（共10分）

1. 一审法院驳回王总诉讼请求的做法，是否正确？为什么？（2分）

2. 王总并未主张返还财产、赔偿损失的权利。二审法院是否可对此不予理会？为什么？（2分）

3. 王总追加诉讼请求：自己愿意退还科达公司交付的房屋A，但请求科达公司退还已支付的200万元房款，并计算利息。经查，此时房屋A价格已经由原来的200万元上涨至240万元。

（1）王总要求科达公司返还200万元的主张，可否得到法院支持？为什么？（2分）

（2）王总要求科达公司支付200万元房款的利息的主张，可否得到法院支持？为什么？（2分）

（3）法院判令撤销王总与科达公司的商品房买卖合同，王总向科达公司返还房屋A，科达公司向王总返还房款200万元。如此处理是否妥当？为什么？（2分）

核心考点

法院审理可撤销合同对不告不理原则的处理方式　合同无效的财产返还后果

✒ 答题区

答题要点

1. 否。（1 分）在民事诉讼中，一方主张合同无效，依据却是可撤销事由的，法院可以直接判决撤销合同。（1 分）

2. 否。（1 分）在民事诉讼中，当事人仅主张合同无效，但未主张相关合同无效的后果时，法院应予释明。一审法院未予释明，二审法院认为应当对合同无效的法律后果作出判决的，可以直接释明并改判。（1 分）

3.（1）是。（1 分）合同被撤销后，当事人有权请求返还财产。（1 分）

（2）否。（1 分）标的物与价款的相互返还，一方的使用费与对方的利息相互抵销，故不计标的物的使用费，也不计价款的利息。（1 分）

（3）否。（1 分）在标的物增值或贬值的情况下，其增值或贬值，应在当事人之间合理分配或分担。（1 分）

模考演练二　装修公司代理案

练　习　9

【案情】

2015年2月，大龙装修公司（以下简称"大龙公司"）为承揽一项装修工程，急需新型切割机，因大龙公司曾经为鲁班公司装修办公楼，知道鲁班公司生产的A型切割机品质优良，遂委托杨白劳前往鲁班公司购买A型切割机10台。大龙公司花1万元为杨白劳购买赴鲁班公司的头等舱机票，并嘱咐杨白劳此事做成，大龙公司可获得项目利润50万元。杨白劳到达鲁班公司所在城市后，通知大龙公司解除委托合同，导致大龙公司丧失了本可承揽的项目。大龙公司遂请求杨白劳赔偿1万元机票价格，并赔偿50万元可得利润的损失。经查，大龙公司与杨白劳的委托合同中并未约定报酬。

问题：（共6分）

1. 杨白劳是否有权解除与大龙公司的委托合同？为什么？（2分）
2. 大龙公司是否有权请求杨白劳赔偿1万元机票价格？为什么？（2分）
3. 大龙公司是否有权请求杨白劳赔偿50万元项目利润？为什么？（2分）

🔍 核心考点

委托合同中的任意解除权　委托合同中任意解除权行使的后果

📝 **答题区**

▶ **答题要点**

1. 是。（1分）委托合同中，委托人、受托人双方均享有任意解除权。（1分）

2. 是。（1分）无论是有偿委托，还是无偿委托，主张任意解除权的一方，均应赔偿给对方造成的直接利益损失。（1分）

3. 否。（1分）只有在有偿委托中，主张任意解除权的一方，才需赔偿给对方造成的可得利益损失。（1分）

练 习 10

【案情】

2015年3月，大龙公司再次委托马小云去鲁班公司购买A型切割机10台。马小云接受委托后，2015年3月以大龙公司的名义，与鲁班公司订立了A型切割机买卖合同，总价款10万元，约定2015年7月前，双方履行完毕。与此同时，马小云见鲁班公司生产的B型冲击钻甚是好用，遂又以大龙公司的名义，与鲁班公司订立了总价款为10万元的B型冲击钻买卖合同，也约定2015年7月前，双方履行完毕。合同订立后，鲁班公司发现马小云的代理权可能有问题，遂于2015年3月向大龙公司发出《催告函》，要求大龙公司确认切割机、冲击钻买卖合同的效力。直到2015年5月，大龙公司未作任何答复。2015年6月，鲁班公司向大龙公司发出《通知书》，请求大龙公司如约支付两个买卖合同中的共计20万元价款。

问题：（共13分）

1. 2015年3月，马小云以大龙公司名义与鲁班公司订立的A型切割机、B型冲击钻买卖合同，是有权代理，还是无权代理？是狭义无权代理，还是表见代理？（3分）

2. 2015年5月，大龙公司对《催告函》未作任何答复，其法律意义是什么？（2分）

3. 2015年6月，鲁班公司是否有权请求大龙公司支付A型切割机、B型冲击钻买卖合同的价款？（2分）

4. 设：大龙公司给马小云的委托授权书中载明"本公司授权马小云购买装修工具"。

（1）2015年3月，马小云以大龙公司名义与鲁班公司订立的A型切割机、B型冲击钻买卖合同，是有权代理，还是无权代理？是狭义无权代理，还是表见代理？（3分）

（2）经查，鲁班公司事先已经知道大龙公司将派人来购买 A 型切割机。马小云以大龙公司名义与鲁班公司订立的 A 型切割机、B 型冲击钻买卖合同，是有权代理，还是无权代理？是狭义无权代理，还是表见代理？（3 分）

▶ **核心考点**

有权代理　无权代理　狭义无权代理　表见代理

✐ **答题区**

答题要点

1. 马小云订立 A 型切割机买卖合同的行为，是有权代理（1 分）；订立 B 型冲击钻买卖合同的行为，是无权代理（1 分）。由于案情中不存在表见事由，故马小云订立 B 型冲击钻买卖合同的行为，属于狭义无权代理。（1 分）

2. 第一，由于马小云与鲁班公司订立的 A 型切割机买卖合同为有权代理，故与《催告函》无关（1 分）；第二，马小云与鲁班公司订立的 B 型冲击钻买卖合同，经催告后 1 个月未答复的，视为拒绝（1 分）。

3. 第一，鲁班公司有权请求大龙公司支付 A 型切割机买卖合同的货款。因为其为有权代理，大龙公司应承担其后果。（1 分）第二，鲁班公司无权请求大龙公司支付 B 型冲击钻买卖合同的货款。因为其为狭义无权代理，且大龙公司未在 1 个月内对《催告函》作出答复，视为拒绝，故不承担该合同的后果。（1 分）

4.（1）马小云订立 A 型切割机买卖合同的行为，是有权代理（1分）；订立 B 型冲击钻买卖合同的行为，是无权代理（1分）。由于案情中存在表见事由，故马小云订立 B 型冲击钻买卖合同的行为，属于表见代理。（1分）

（2）马小云订立 A 型切割机买卖合同的行为，是有权代理（1分）；订立 B 型冲击钻买卖合同的行为，是无权代理（1分）。由于鲁班公司已经知道马小云的代理权限，故案情中不存在表见事由，马小云订立 B 型冲击钻买卖合同的行为，仍属于狭义无权代理。（1分）

练 习 11

【案情】

2015 年 6 月，鲁班公司向大龙公司交付 10 台切割机，并请求大龙公司支付价款 10 万元。大龙公司收到切割机后，发现其质量存在严重瑕疵，无法使用，遂以此为由拒绝向鲁班公司支付价款。与此同时，因大龙公司为鲁班公司装修办公楼的装修工程款 10 万元已经届期 1 年未付，故大龙公司在拒付切割机价款的同时，还请求鲁班公司支付装修工程款 10 万元，并赔偿逾期支付价款的违约金 2 万元。鲁班公司遂主张以自己的 10 万元切割机价金债权与大龙公司的 10 万元装修款债权相抵销。

问题：（共 2 分）
鲁班公司是否享有抵销权？为什么？（2分）

▶ **核心考点**
法定抵销权的条件

✏ **答题区**

答题要点

否。（1分）债务人享有抗辩权的，债权人不得主张抵销权。（1分）

练　习　12

【案情】

2015年6月，鲁班公司主张抵销权遭拒后，遂将对大龙公司的切割机债权10万元转让给匠心公司，并通知大龙公司向匠心公司支付价款。匠心公司遂请求大龙公司支付切割机价款10万元。

问题：（共8分）

1. 大龙公司能否以鲁班公司交付的切割机质量不合格为由，拒绝向匠心公司支付切割机价款？为什么？（2分）

2. 鲁班公司将对大龙公司的切割机债权10万元转让给匠心公司后，大龙公司是否有权继续请求鲁班公司支付装修工程款10万元，并赔偿逾期

支付价款的违约金 2 万元？为什么？（2 分）

3. 设：鲁班公司及时更换了所交付的切割机。

（1）大龙公司能否以自己对鲁班公司的 10 万元装修款债权，与匠心公司对自己的 10 万元价款债权相抵销？为什么？（2 分）

（2）如果大龙公司以自己对鲁班公司的 10 万元装修款债权，与匠心公司对自己的 10 万元价款债权相抵销，大龙公司能否继续请求鲁班公司支付迟延支付工程款 1 年的违约金 2 万元？为什么？（2 分）

核心考点

债权让与的抗辩权延续　债权让与的抵销权延续

答题区

[空白答题框]

答题要点

1. 可以。（1分）债务人对债权人的抗辩权，在债权让与并通知债务人后，有权向受让人继续主张。（1分）

2. 可以。（1分）鲁班公司将自己对大龙公司的债权转让给匠心公司后，自己对大龙公司的债务不受影响。（1分）

3. （1）可以。（1分）债务人对债权人的抵销权，在债权让与并通知债务人后，有权向受让人继续主张。（1分）

（2）否。（1分）债权人主张抵销权的，双方债务的抵销时间，溯及至抵销权成立之时，即1年前。既然1年前双方债务已经抵销，鲁班公司的装修款债务视为已经履行，那么就不存在2万元迟延履行违约金问题。（1分）

练 习 13

【案情】

大龙公司与大凤公司订立装修合同，约定大龙公司对大凤公司所租赁的办公楼进行装修，大凤公司应支付装修费10万元。于是，2015年6月，大龙公司经匠心公司同意，将切割机价金债务转让给大凤公司。后因大凤公司未能租赁到办公楼，装修不再必要，大龙公司与大凤公司解除了装修合同。现匠心公司遂请求大凤公司履行切割机价款债务。

问题：（共8分）

1. 大凤公司能否以装修合同已经解除为由，拒绝向匠心公司支付价款？为什么？（2分）

2. 大凤公司能否以鲁班公司交付的切割机质量不合格为由，拒接向匠心公司支付价款？为什么？（2分）

3. 设：鲁班公司及时更换了所交付的切割机。大凤公司能否以大龙公司对鲁班公司的10万元装修款债权，与匠心公司对自己的10万元价款债权相抵销？为什么？（2分）

4. 如果大凤公司向匠心公司偿付了切割机价款，能否请求大龙公司向自己返还10万元？为什么？（2分）

▷ **核心考点**

债务转让的无因性　债务转让的抗辩权延续　债务转让的抵销权延续

✎ **答题区**

（答题区域，空白）

答题要点

1. 否。（1 分）债务转让具有无因性。（1 分）

2. 可以。（1 分）债务人对债权人享有抗辩权的，债务转让后，受让人可继续以之对抗债权人。（1 分）

3. 否。（1 分）债务人对债权人享有抵销权的，债务转让后，受让人不得继续以之对债权人主张抵销。（1 分）

4. 是。（1 分）大凤公司受让大龙公司的债务，本质上是履行对大龙公司的装修款债务。装修合同解除后，大凤公司的债务承担，对于大龙公司即构成不当得利，大龙公司应予返还。（1 分）

练　习　14

【案情】

2015 年 12 月，鲁班公司基于 B 型冲击钻买卖合同，请求马小云支付价金 10 万元，并以合同"2015 年 7 月前，双方履行完毕"之约定为依据，请求马小云承担逾期付款的违约金责任。马小云向鲁班公司出具"意见函"表示：第一，既然大龙公司对冲击钻买卖合同表示拒绝，则该合同无效，鲁班公司对自己没有请求权；第二，冲击钻买卖合同约定"2015 年 7 月前，双方履行完毕"，因鲁班公司并未向自己交付冲击钻，故纵然该合同有效，自己也可拒绝鲁班公司的付款请求；第三，从 2015 年 6 月至 12 月的半年时间内，自己多次向鲁班公司请求交付冲击钻，鲁班公司未履行债务，构成"迟延履行主要债务，经催告后在合理期限仍未履行"，故现正式提出解除合同。

问题：（共 10 分）

1. 马小云"大龙公司对冲击钻买卖合同表示拒绝，该合同无效，鲁班公司对自己没有请求权"的主张，能否成立？为什么？（2 分）

2. 马小云"因鲁班公司未交付冲击钻，故拒绝鲁班公司的付款请求"的主张，能否成立？为什么？（2 分）

3. 马小云"解除合同"的主张，能否成立？为什么？（2 分）

4. 鲁班公司收到马小云"解除合同"的书面通知后，可如何应对？（1 分）

5. 鲁班公司能否请求马小云承担逾期付款的违约金责任？为什么？（2 分）

6. 设：由于担心向马小云交货后，马小云仍不付款，为避免商业风险的继续扩大，鲁班公司若决定放弃冲击钻买卖交易，鲁班公司该怎么做？（1 分）

▸ **核心考点**

　　狭义无权代理被代理人行使拒绝权的后果　　同时履行抗辩权　　抗辩权与违约责任　　解除权异议期间与合同解除的关系　　狭义无权代理相对人行使撤销权的后果

✐ **答题区**

（空白答题区）

📌 答题要点

1. 否。（1分）狭义无权代理，被代理人拒绝，合同约束行为人与相对人。（1分）

2. 可以。（1分）合同约定同时履行，故马小云享有同时履行抗辩权。（1分）

3. 否。（1分）马小云也未支付价款，鲁班公司同样享有同时履行抗辩权，故不构成"迟延履行主要债务"，马小云没有合同解除权。（1分）

4. 鲁班公司可在收到解除通知之日起90日（3个月）内，提出解除权异议。（1分）

5. 否。（1分）因马小云享有同时履行抗辩权，故其未支付价款，同样不构成违约。（1分）

6. 行使相对人的撤销权。（1分）

练 习 15

【案情】

鲁班公司最终决定不放弃冲击钻买卖交易。2016年6月，鲁班公司向马小云交付冲击钻，并与马小云达成协议约定：马小云于2016年年底之前，向鲁班公司支付价款10万元。2016年8月，鲁班公司得知，马小云曾经借给关胜利10万元，宋大江为此借款提供连带责任保证。借款到期后，马小云也曾向关胜利索要借款，关胜利并未还款，马小云遂再未提及此事，现该笔借款再过2周即诉讼时效届满。鲁班公司立即向马小云提醒此事，马小云未予理会。与此同时，鲁班公司发现1个月前，马小云将自己的一套房屋向工商银行进行抵押，为好友王林从工商银行的贷款提供担保，并办理了抵押登记手续。

问题：（共8分）

1. 此时，鲁班公司能否对关胜利提起代位权之诉？为什么？（2分）

2. 此时，鲁班公司能否代马小云之位，对关胜利提出偿还借款的请求？为什么？（2分）

3. 及至2017年1月，马小云仍未向鲁班公司偿还冲击钻价款，鲁班公司能否对宋大江提起代位权之诉？为什么？（2分）

4. 及至2017年1月，马小云仍未向鲁班公司偿还冲击钻价款，鲁班公司能否对马小云提起撤销权之诉，以撤销马小云向工商银行的抵押？为什么？（2分）

　▣ **核心考点**

代位权的成立条件　对"从次债务人"的代位权　债权人的撤销权的成立条件

答题区

答题要点

1. 否。（1分）鲁班公司对马小云的债权尚未到期。（1分）

2. 是。（1分）债权人的债权到期前，债务人的权利存在诉讼时效期间即将届满或者未及时申报破产债权等情形，影响债权人的债权实现的，债权人可以代位向债务人的相对人请求其向债务人履行、向破产管理人申报或者作出其他必要的行为。（1分）

3. 是。（1分）宋大江作为保证人，同样是马小云的次债务人。（1分）

4. 第一，如果工商银行知道或应当知道马小云对鲁班公司欠款之事，鲁班公司有权撤销该抵押行为（1分）；第二，如果工商银行不知道且不应当知道马小云对鲁班公司欠款之事，鲁班公司无权撤销该抵押行为（1分）。

模考演练三　彩虹厂融资案

练 习 16

【案情】

2015 年 1 月，彩虹厂急需机器设备，但资金短缺。彩虹厂遂与融汇融资租赁公司订立融资租赁合同，约定融汇公司为彩虹厂购买 A 型、B 型机器设备各 1 台，并向彩虹厂出租，租期均为 5 年。每台机器设备租金 300 万元。随后，融汇公司与东方公司、北方公司分别订立 A 型设备、B 型设备买卖合同，并向两家出卖人支付价款。买卖合同订立后，两家出卖人分别将机器设备交付予彩虹厂。

彩虹厂收货后，发现 A 型设备存在质量问题。彩虹厂、融汇公司、东方公司约定，由彩虹厂与东方公司直接协商解决此事。彩虹厂遂要求东方公司更换设备，并承担赔偿责任。东方公司同意免费更换设备，但拒绝赔偿。理由是，其与融汇公司订立买卖合同时，已经告知融汇公司该设备存在质量问题，但融汇公司坚持购买。2015 年 2 月，东方公司为彩虹厂更换了 A 型机器设备。融汇公司随即办理了该 A 型设备的所有权登记手续。

问题：（共 8 分）

1. 东方公司是否应承担赔偿责任？为什么？（2 分）

2. 彩虹厂是否有权请求融汇公司承担赔偿责任？为什么？（2 分）

3. 经查：融汇公司是根据彩虹厂的选择，与东方公司订立的 A 型设备买卖合同。

（1）彩虹厂是否有权请求融汇公司承担赔偿责任？为什么？（2分）

（2）彩虹厂是否有权请求减免租金？为什么？（2分）

◥ 核心考点

融资租赁合同的租赁物品质瑕疵担保责任

◢ 答题区

 答题要点

1. 否。（1 分）买受人明知标的物有瑕疵的，出卖人不承担品质瑕疵担保责任。（1 分）

2. 是。（1 分）出租人明知所购买的标的物存在品质瑕疵而未告知承租人，导致承租人向出卖人索赔失败的，承租人可请求出租人承担赔偿责任。（1 分）

3.（1）否。（1 分）出租人未干预承租人选择的，出租人不承担租赁物品质瑕疵担保责任。（1 分）

（2）否。（1 分）出租人未干预承租人选择的，承租人不得以租赁物品质瑕疵为由，主张减免租金。（1 分）

练　习　17

【案情】

2016 年 1 月，彩虹厂为从建设银行贷款，将 A 型设备向建设银行抵押，且办理了抵押登记手续。同月，融汇公司向彩虹厂主张解除融资租赁合同，并要求取回 A 型机器设备。此时，彩虹厂尚未支付的租金额为 240 万元。

2017 年 1 月，融汇公司与北方公司订立的 B 型机器设备买卖合同被撤销。

问题：（共16分）

1. 建设银行可否取得A型设备的抵押权？为什么？（2分）

2. 融汇公司可否解除A型设备的融资租赁合同？为什么？（2分）

3. 融汇公司可否取回A型机器设备？为什么？（2分）

4. 融汇公司取回A型机器设备后，能否请求彩虹厂履行未付的240万元租金？为什么？（2分）

5. 北方公司与融汇公司的B型机器设备买卖合同撤销后，北方公司是否有权从彩虹厂取回B型机器设备？为什么？（2分）

6. 经查：融汇公司是根据彩虹厂的选择，与北方公司订立的B型设备买卖合同。

（1）融汇公司可否请求彩虹厂赔偿因B型机器设备买卖合同被撤销而造成的损失？为什么？（2分）

（2）又经查，B型机器设备买卖合同被撤销，是融汇公司胁迫北方公司所致。融汇公司可否请求彩虹厂赔偿因B型机器设备买卖合同被撤销而造成的损失？为什么？（2分）

7. B型机器设备买卖合同被撤销后，彩虹厂能否解除B型机器设备的融资租赁合同？为什么？（2分）

▶核心考点

融资租赁合同出租人所有权的登记　融资租赁合同的解除　融资租赁合同的买卖基础丧失

✎答题区

▶ **答题要点**

1. 否。（1分）融汇公司租赁物所有权已经登记，可以对抗第三人。故彩虹厂将 A 型设备抵押为无权处分，建设银行不能善意取得抵押权。（1分）

2. 是。（1分）融资租赁合同中，承租人将租赁物无权处分的，出租人有权解除融资租赁合同。（1分）

3. 是。（1分）融资租赁合同中，承租人将租赁物无权处分的，出租人解除融资租赁合同后，有权取回租赁物。（1分）

4. 否。（1分）出租人取回租赁物后，应以其价值冲抵承租人债务，并多退少补。（1分）

5. 是。（1分）买卖合同被撤销后，租赁物所有权归属于出卖人，出卖人可对承租人主张返还原物请求权。（1分）

6. （1）是。（1分）出租人未干预承租人选择的，买卖合同被撤销后，出租人有权请求承租人赔偿自己所遭受的损失。（1分）

（2）否。（1分）买卖合同被撤销，是因出租人原因所致的，出租人无权请求承租人赔偿自己所遭受的损失。（1分）

7. 是。（1分）买卖合同被撤销的，融资租赁合同当事人双方均有权解除融资租赁合同。（1分）

练 习 18

【案情】

彩虹厂为重新获得 A、B 型机器设备，2016 年 2 月 5 日，彩虹厂与东方公司订立 A 型机器设备买卖合同，约定彩虹厂购买东方公司 A 型机器设备 1 台，东方公司应当在 5 日内向彩虹厂交付机器设备，彩虹厂应当在 3 个月后，交付价款 250 万元。双方还约定，东方公司向彩虹厂交付 A 型设备后，彩虹厂应当将该设备回押给东方公司，并办理抵押登记手续，用以担保彩虹厂 250 万元的价金债务。2016 年 2 月 10 日，东方公司向彩虹厂交付了 A 型机器设备。

2 月 12 日，彩虹厂与北方公司订立 B 型机器设备买卖合同，约定彩虹厂购买北方公司 B 型机器设备 1 台，北方公司应当在 5 日内向彩虹厂交付机器设备，彩虹厂应当在 3 个月后，交付价款 200 万元。彩虹厂将 A 型机器设备向北方公司设立抵押，以担保自己 B 型机器设备的价金债务的履行。合同订立后，2 月 15 日，彩虹厂为北方公司办理了 A 型机器设备抵押登记手续。2 月 16 日，东方公司催促彩虹厂办理抵押登记手续，彩虹厂遂于 2 月 18 日，为东方公司办理了 A 型机器设备抵押登记手续。2016 年 2 月 17 日，北方公司向彩虹厂交付了 B 型机器设备。

问题：（共 2 分）

如果彩虹厂未向东方公司、北方公司交付机器设备的价金，在 A 型机器设备上，东方公司、北方公司谁的抵押权，可以优先受偿？为什么？（2 分）

☑ 核心考点

担保抵押物价金债权的抵押权的优先效力

✎ 答题区

▶ **答题要点**

东方公司可优先于北方公司受偿。（1分）东方公司的抵押权，是交付后10日内登记的、担保抵押物价金的抵押权，可优先于抵押物上的其他抵押权、质权受偿。（1分）

练 习 19

【案情】

2016年2月20日，彩虹厂为支付机器设备价款，欲从建设银行贷款，彩虹厂与建设银行订立厂房买卖合同约定，彩虹厂将厂房A、厂房B各以250万元的价格出卖给建设银行，建设银行支付价金500万元后，彩虹厂将厂房A过户给建设银行。3年后，若彩虹厂向建设银行还款520万元，厂房A、B买卖合同解除，建设银行将厂房A回转登记。否则，彩虹厂应将厂房B向建设银行过户登记。合同订立后，建设银行将500万元"房款"交付予彩虹厂，彩虹厂将厂房A向建设银行过户登记。

彩虹厂获得500万元贷款后，向东方公司、北方公司如约支付了机器设备价款。

问题：（共8分）

1. 如果3年后，彩虹厂未向建设银行偿还520万元。关于厂房A：

（1）彩虹厂能否请求建设银行将厂房A评估作价？为什么？（2分）

（2）如果建设银行将厂房A变价，能否对价金优先受偿？为什么？（2分）

2. 如果3年后，彩虹厂未向建设银行偿还520万元。建设银行遂以厂房买卖合同为依据，诉请法院判决彩虹厂交付厂房B，并办理过户登记手续。

（1）法院应按照何种法律关系，审理建设银行的起诉？（1分）

（2）法院应如何处理建设银行所提出的交房、过户的诉讼请求？（1分）

（3）建设银行对厂房B享有何种性质的权利？（1分）

（4）建设银行对厂房B的变价，是否享有优先受偿权？（1分）

◤ 核心考点

先让与担保　后让与担保

✎ **答题区**

▶ **答题要点**

1.（1）可以。（1分）让与担保需受流质约款禁止规则的约束。（1分）

（2）可以。（1分）先让与担保，债权人具有物权人地位，可以对担保物价金优先受偿。（1分）

2.（1）借贷关系。（1分）

（2）向建设银行释明，令其变更诉讼请求。否则，裁定驳回起诉。（1分）

（3）担保权，建设银行有权就担保物变价受偿，但无权取得其所有权。（1分）

（4）否。后让与担保中的债权人，不具有物权人的地位，不得对担保物的变价优先受偿。（1分）

练 习 20

【案情】

2016年5月10日，彩虹厂收到民生银行书面通知，称北方公司出卖给彩虹厂的B型机器设备，早在1年前就已经抵押给了民生银行，用以担保北方公司从民生银行的贷款，并办理了抵押登记手续。现北方公司贷款本息到期未还，民生银行对B型机器设备主张抵押权。

问题：（共4分）

1. 民生银行可否对彩虹厂的B型机器设备行使抵押权？为什么？（2分）

2. 民生银行可否请求北方公司对彩虹厂转入北方公司账户的价款进行提存？为什么？（2分）

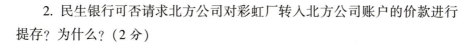 **核心考点**

动产抵押权与正常买受人的关系

✏ **答题区**

📑 **答题要点**

1. 否。（1分）动产抵押权无论是否登记，均不得对抗在正常经营活动中支付合理价款并取得标的物的买受人。（1分）

2. 是。（1分）抵押权因抵押物转让而受影响的，抵押权人有权主张对抵押物的价金提前清偿债务或提存。（1分）

练 习 21

【案情】

2017年3月，彩虹厂与甲乙丙三人订立买卖合同，约定彩虹厂将一批产品出卖给甲乙丙，彩虹厂应于2017年3月20日交付货物，甲乙丙三人应于2017年9月20日前，连带支付货款100万元。甲乙丙内部约定比例份额为3：3：4。此外，马小云以自己的房屋向彩虹厂设立抵押，用以担保甲乙丙的价金债务，办理了抵押登记手续。2017年3月20日，彩虹厂将该批货物如约向甲乙丙交付。

2017年4月，因彩虹厂扩大生产规模，急需C型机器设备，又缺乏流动资金，遂与工商银行订立保理合同，约定彩虹厂将对甲乙丙的100万元应收账款债权转让给工商银行，工商银行向彩虹厂支付受让金80万元。如果甲乙丙到期不向工商银行偿还债务，工商银行有权向彩虹厂追索。合同订立后，工商银行已经向甲乙丙确认该笔债权的真实存在，并将80万元债权受让金转给彩虹厂。因C型机器设备价格昂贵，彩虹厂又于2017年5月间，先后与广发银行、招商银行分别订立保理合同，内容和其与工商银行的保理合同相同。广发银行、招商银行分别将债权受让金转给彩虹厂。

彩虹厂与上述三家银行订立保理合同后，又与甲乙丙订立"补充协议"，约定将甲乙丙的连带债务由100万元减少至50万元。

2017年9月25日，工商银行、广发银行、招商银行均请求甲乙丙支付100万元价款。经查，与彩虹厂订立保理合同后，工商银行向甲乙丙通知了此事，广发银行办理了保理合同登记手续，招商银行也办理了保理合同登记手续。

问题：（共 7 分）

1. 甲乙丙应向哪家银行（以下称为"债权人银行"）履行债务？为什么？（2 分）

2. 甲乙丙能否以"补充协议"为由，主张只向债权人银行履行 50 万元的债务？为什么？（2 分）

3. 设：甲向债权人银行偿还了 10 万元债务，能否向乙丙追偿？为什么？（2 分）

4. 设：债权人银行免除了甲的债务。此时，债权关系如何？（1 分）

▶ 核心考点

同一应收账款债权的多次保理　保理合同订立后基础关系的变动　连带债务人内部追偿的条件　债权人对部分连带债务人的债务免除

✏ 答题区

📑 答题要点

1. 广发银行。（1分）债权人就同一应收账款债权多次保理的，登记的保理人优先于未登记的保理人，先登记的保理人优先于后登记的保理人。（1分）

2. 否。（1分）保理合同订立后，基础关系变动的，不得影响保理人的利益。（1分）

3. 否。（1分）连带债务人履行债务，超过自己份额比例的，才有权向其他连带债务人追偿。（1分）

4. 乙丙对广发银行承担连带债务 70 万元。（1分）

练 习 22

【案情】

因甲承揽债权人银行的装修工程，债权人银行对甲的 100 万元的装修工程款，现已到期。甲遂以自己对债权人银行的工程款债权，与债权人银行对甲乙丙的债权相抵销。

问题：（共14分）

1. 甲能否向乙丙追偿？为什么？（2分）

2. 若乙丙拒绝向甲履行偿付义务，甲可否实行马小云向彩虹厂所提供的抵押权？为什么？（3 分）

3. 现丙已经死亡，且无任何遗产。甲有权向乙追偿多少钱？为什么？（3 分）

4. 经查，彩虹厂向甲乙丙交付的货物质量完全不符合约定。乙能否拒绝向甲承担被追偿的责任？为什么？（4 分）

5. 经查，债权人银行办理保理合同业务支付费用 5 万元，自支付 80 万元债权受让金至甲主张抵销之日，产生利息 5 万元。现彩虹厂请求债权人银行向自己返还 10 万元，其主张是否于法有据？为什么？（2 分）

核心考点

连带债务人的追偿条件　连带债务人的追偿权与原债权人的担保权　部分连带债务人不能履行追偿义务的后果　被追偿的连带债务人的抗辩权延续　有追索权的保理人的收益范围

答题区

答题要点

1. 可以。（1分）部分连带债务人以自己对债权人的债权，对债权人行使抵销权的，与其履行债务后果相同。（1分）

2. 可以。（1分）第一，彩虹厂与广发银行订立保理合同后，彩虹厂所享有的抵押权即由广发银行享有（1分）；第二，甲向广发银行行使抵销权后，取得了广发银行的债权，进而取得了广发银行的抵押权（1分）。

3. 50万元。（1分）部分连带债务人无力履行追偿债务的，其他连带债务人按份额比例分担。丙应承担的份额比例为40万元，故甲、乙按照1：1的

比例各分担 20 万元。加上乙本应承担的 30 万元债务，甲共可向乙追偿 50 万元。（2 分）

4. 可以。（1 分）第一，彩虹厂履行不符合约定，甲乙丙对彩虹厂享有先履行抗辩权（1 分）；第二，彩虹厂与广发银行订立保理合同后，甲乙丙对广发银行享有该抗辩权（1 分）；第三，其他连带债务人对债权人的抗辩，可以向追偿权人主张（1 分）。

5. 是。（1 分）在有追索权的保理合同中，保理人从债务人处所受偿的应收账款债权额，扣除保理融资款本息和相关费用后有剩余的，剩余部分应当返还给应收账款债权人。（1 分）

模考演练四　特种设备买卖案

 练 习 23

【案情】

2017年5月，中研公司与创新公司订立"特种设备买卖合同"约定：①中研公司将一台特种设备出卖给创新公司，交货之日，创新公司应支付价款820万元。在付清全部款项之前，中研公司保留所有权。②任何一方均不得转让其债权。③任何一方违反合同约定，应向对方承担违约金100万元。④合同生效后一周内，中研公司应当交付设备。中研公司交货后一周内，创新公司应当完成检验。⑤如果中研公司交付的标的物存在质量问题，中研公司应当负责在30日内"维修"或"退换"。由于该特种设备买卖依法需要审批，故该"特种买卖合同"第4条约定："创新公司应在合同订立后7日内，办理审批手续。否则，应向中研公司支付违约金10万元。"

为担保创新公司820万元价金债务的履行，林之冲以自己的房屋向中研公司抵押，并办理了抵押登记手续。秦光明与中研公司订立保证合同，对中研公司的价金债权提供保证，但并未约定保证责任的形式和保证期间。

问题：（共8分）

1. 合同订立后，中研公司以合同未经审批，没有约束力为由，主张解除特种设备买卖合同。该主张是否于法有据？为什么？（2分）

2. 合同订立后，创新公司未在一周内办理申请批准手续。中研公司遂向法院提起诉讼。

（1）中研公司能否请求创新公司办理报批手续，并支付违约金 10 万元？为什么？（2分）

（2）中研公司能否请求创新公司支付违约金 100 万元？为什么？（2分）

（3）设：中研公司将请求创新公司支付 100 万元违约金作为诉讼请求，法院应如何处理？（1分）

（4）法院判令创新公司办理报批手续，判决生效后，经执行创新公司仍不履行报批义务。创新公司应承担怎样的违约责任？（1分）

核心考点

未生效合同的约束力　需审批生效合同中的报批义务条款效力　需审批生效合同的司法处理

答题区

▶ **答题要点**

1. 否。（1分）未生效的合同，权利义务不能主张或履行，但依然具有法律约束力，任何一方不得擅自反悔。（1分）

2.（1）可以。（1分）需经审批生效的合同，审批之前，报批义务及违约责任条款独立生效。（1分）

（2）否。（1分）100万元违约金是合同中的违约责任，合同尚未生效。（1分）

（3）向创新公司释明，按照报批义务及违约责任条款起诉。否则，法院判决驳回其诉讼请求，但不影响其再次以报批义务及违约责任条款起诉。（1分）

（4）经执行，报批义务人仍不履行报批义务的，承担合同上的违约责任。（1分）

练 习 24

【案情】

2017 年 7 月，主管机关批准了"特种设备买卖合同"。同月，创新公司将对中研公司请求交付的设备债权，转让给厚地公司，并通知了中研公司。现厚地公司请求中研公司交付设备，中研公司以其与创新公司"任何一方均不得转让其债权"的约定为由，表示拒绝。

问题：（共 2 分）

经查，厚地公司知道中研公司与创新公司之间"任何一方均不得转让其债权"的约定。中研公司能否以其与创新公司"任何一方均不得转让其债权"的约定为由，拒绝向厚地公司交付设备？为什么？（2 分）

核心考点

非金钱债权不得转让约定的效力

答题区

▶ **答题要点**

是。（1分）当事人约定非金钱债权不得转让的，不得对抗善意第三人，但可以对抗恶意第三人。（1分）

练习 25

【案情】

2017年8月，中研公司向创新公司交付特种设备，创新公司在载明设备型号、规格的"送货单"上签字。创新公司发现该设备结构复杂，约定的1周内完成检验根本不可能，要全面检验至少需要1个月。创新公司收货后第2天，发现该设备存在外观瑕疵，遂向中研公司提出异议。创新公司在设备使用中，发现该设备存在隐蔽瑕疵，遂又于收货后第25天向中研公司提出异议。

问题：（共15分）

1. 针对创新公司第2天提出的异议，中研公司认为，第一，既然创新公司已经使用该设备，即表明创新公司已经放弃了异议权，故不得再提出异议；第二，既然创新公司已经在"送货单"上签字，即表明创新公司已经确认了该设备的外观无瑕疵，故不得再提出异议。

（1）中研公司的第一个观点是否成立？为什么？（2分）

（2）中研公司的第二个观点是否成立？为什么？（2分）

2. 针对创新公司第25天提出的异议，中研公司认为，"特种设备买卖合同"中明确约定"交货后1周内完成检验"，故异议期间已过，创新公司不得再提出异议。中研公司的这一观点是否成立？为什么？（2分）

3. 经创新公司与中研公司沟通，中研公司同意按照"特种设备买卖合同"中合同的约定，在30日内"维修"或"退换"。

（1）中研公司应当"维修"还是"退换"，谁有权决定？为什么？（2分）

（2）设：有权决定的当事人，在30日期满时，还未决定到底是"维

修"还是"退换"，经对方催告仍然犹豫未决，怎么办？（2分）

（3）设：双方约定，由创新公司决定"维修"或"退换"。

❶如果创新公司决定"维修"，通知了中研公司后反悔，能否重新选择"退换"？为什么？（2分）

❷如果在创新公司决定之时，已经知道中研公司的该种设备已经停产，且无存货。创新公司仍然决定"退换"。

第一，创新公司能否选择"退换"？为什么？（2分）

第二，创新公司选择"退换"，意味着什么？（1分）

核心考点

品质瑕疵异议期间的确定　品质瑕疵异议的提起条件　选择之债的选择权归属　选择之债的选择权转换　选择之债选择权的行使后果　选择之债的履行不能

答题区

答题要点

1．（1）否。（1分）买受人使用标的物、付款、确认欠款额，不构成放弃异议权，但另有约定除外。（1分）

（2）可以。（1分）买受人在记载标的物型号、规格的送货单上签字的，除有相反证据外，推定确认标的物的外观质量。（1分）

2．否。（1分）当事人约定的异议期间过短，难以全面完成检验的，约定的异议期间视为外观瑕疵异议期间。隐蔽瑕疵异议期间按照合理期间确定。（1分）

3．（1）中研公司。（1分）选择之债中，当事人未约定选择权的，由债务人选择。（1分）

（2）创新公司享有选择权。（1分）选择之债中，选择权人在约定期限或履行期限内未作选择，经催告仍不选择的，选择权归对方。（1分）

（3）❶否。（1分）选择权人选择并通知对方后，未经对方同意，不得变更选择。（1分）

❷可以。（1分）履行不能是对方原因造成时，选择权人可以选择该履行不能的标的。（1分）

"维修"或"退换"的约定履行不能。（1分）

练　习　26

【案情】

2017年9月1日，中研公司重新交付设备。中研公司最终与创新公司达成约定，重新交付的设备继续适用"特种买卖合同"中的约定。2017年9月10日，中研公司将对创新公司的价金债权，转让给高天公司，通知了创新公司，但并未告知林之冲和秦光明。现高天公司请求创新公司交付价款，创新公司以其与中研公司"任何一方均不得转让其债权"的约定为由，拒绝向高天公司支付价款。

问题：（共4分）

1. 经查，高天公司知道中研公司与创新公司之间"任何一方均不得转让其债权"的约定。创新公司能否以其与中研公司"任何一方均不得转让其债权"的约定为由，拒绝向高天公司支付价款？为什么？（2分）

2. 因创新公司拒绝向高天公司支付价款，高天公司向林之冲发出"催告函"，要求林之冲承担抵押担保责任。经查，林之冲提供的别墅抵押登记中，记载的抵押担保责任额为800万元，而非是合同约定的820万元。又查，原因在于当地抵押登记系统只能填写固定数字。林之冲的抵押担保责任额是多少？（2分）

▶ 核心考点

金钱债权不得转让约定的效力　抵押登记上的担保责任与抵押合同上的担保责任不相符时的处理

✎ 答题区

▶ 答题要点

1. 否。（1 分）当事人约定金钱债权不得转让的，不得对抗第三人。（1 分）

2. 820 万元。（1 分）因抵押登记系统不完善导致抵押登记中的担保责任额与合同约定的担保责任额不相符的，以合同约定为准。（1 分）

练 习 27

【案情】

因创新公司拒绝向高天公司支付价款，2017 年 10 月 1 日，高天公司请求秦光明承担保证责任，秦光明以其与中研公司订立的保证合同，未约定保证责任的形式和保证期间为由，予以拒绝。2018 年 6 月 1 日，高天公司以创新公司价金债务已于 2017 年 9 月 1 日（中研公司重新交货日）到期，但至今未付价款为由，对创新公司提起诉讼。法院判决创新公司支付价款。判决生效后，2019 年 5 月 1 日对创新公司执行完毕，高天公司尚有 200 万元债权未受偿。2019 年 5 月 20 日，高天公司再次请求秦光明承担保证责任，秦光明再次以其与中研公司订立的保证合同，未约定保证责任的形式和保证期间为由拒绝。

问题：（共 8 分）

1. 秦光明拒绝高天公司 2017 年 10 月 1 日的请求，是否于法有据？为什么？（2 分）

2. 秦光明拒绝高天公司 2019 年 5 月 20 日的请求，是否于法有据？为什么？（2 分）

3. 设：高天公司有证据证明，创新公司已经无力履行债务，并于 2017 年 10 月 1 日请求秦光明承担保证责任，秦光明能否拒绝？为什么？（2 分）

4. 设：中研公司将价金债权转让给高天公司时，向秦光明通知了此事，且高天公司于 2017 年 12 月 1 日即对创新公司提起价款之诉。法院判决创新公司支付价款。判决生效后，2018 年 10 月 15 日对创新公司执行完毕，高天公司尚有 200 万元债权未受偿。

（1）高天公司能否请求秦光明承担保证责任？（1 分）

（2）高天公司请求秦光明承担保证责任的诉讼时效，何时起算？（1 分）

核心考点

先诉抗辩权及其例外　保证期间的计算　一般保证中债权人在保证期间内行使保证权的方法　一般保证诉讼时效的起算　债权让与通知保证人的效力

答题区

答题要点

1. 是。（1分）保证合同未约定保证方式的，为一般保证，秦光明享有先诉抗辩权。（1分）

2. 是。（1分）一般保证中，债权人应在保证期间内（2017 年 9 月 2 日至 2018 年 3 月 2 日的 6 个月内），向债务人提起诉讼或申请仲裁。高天公司于 2018 年 6 月 1 日起诉，此时保证期间已经届满。（1分）

3. 能。（1分）债务人无力履行债务的，一般保证人不得主张先诉抗辩权。尽管秦光明不再享有先诉抗辩权，但中研公司转让债权给高天公司，未通知秦光明，秦光明不对高天公司承担保证责任。（1分）

4.（1）可以。第一，高天公司在保证期间内，对创新公司提起诉讼；第二，先执行完毕，秦光明不享有先诉抗辩权；第三，债权转让对其进行了通知，故应承担保证责任。（1分）

（2）2018年10月15日。一般保证诉讼时效，自保证人先诉抗辩权消灭之日起算。（1分）

练　习　28

【案情】

中研公司向创新公司重新交付设备后，2020年1月10日，创新公司将中研公司重新交付的特种设备向建设银行抵押，用以担保建设银行对北通公司的200万元的贷款，并经主管机关审批，办理了抵押登记手续。此时，该特种设备的价款尚未支付，且中研公司向创新公司重新交付设备后，于2017年9月5日办理了保留所有权登记手续。

问题：（共12分）

1. 建设银行能否取得该特种设备的抵押权？为什么？（2分）

2. 中研公司能否取回该特种设备？为什么？（2分）

3. 中研公司取回后，创新公司如欲继续使用该特种设备，怎么办？（1分）

4. 中研公司取回后，创新公司对此置之不理。中研公司遂将该特种设备以市价出卖，获得价金150万元。经查，中研公司取回、出卖该设备的费用为10万元，创新公司欠付高天公司价金本息共计120万元。该150万元价金应如何处理？（3分）

5. 中研公司取回该特种设备后，因北通公司对建设银行的200万元贷款未能如期清偿，建设银行遂以创新公司抵押合同违约为由，请求创新公司赔偿损失200万元，并依约支付违约金50万元。

（1）建设银行能否在请求创新公司赔偿 200 万元损失的同时，再支付 50 万元违约金？为什么？（2 分）

（2）建设银行能否请求创新公司赔偿 200 万元损失？为什么？（2 分）

▶ **核心考点**

保留所有权登记　保留所有权买卖中出卖人取回权的条件　保留所有权买卖中买受人的回赎权　保留所有权买卖中出卖人再卖的后果　担保合同违约责任的限制

✎ **答题区**

答题要点

1. 否。（1分）中研公司保留的所有权已经登记，可以对抗第三人。（1分）

2. 能。（1分）保留所有权买卖中，买受人擅自处分标的物的，出卖人可以行使取回权。（1分）

3. 创新公司应在回赎期间内，消除中研公司取回事由后，回赎标的物。（1分）

4. 第一，取回、再卖费用，先从150万元价金中扣除（1分）；第二，因中研公司已经将债权转让给高天公司，故剩余140万元，中研公司向高天公司返还，用于清偿高天公司对创新公司的价金债权120万元（1分）；第三，剩余20万元，高天公司向创新公司返还（1分）。

5.（1）否。（1分）担保合同责任不得超过主债额。（1分）

（2）否。（1分）担保合同责任不得超过担保物的价值。（1分）

模考演练五　长乐公司合同订立与履行纠纷

练 习 29

【案情】

2015年1月，甲、乙、丙三人订立设立人协议，约定共同出资设立长乐公司。为设立长乐公司，2015年2月1日，甲、乙、丙向秦汉公司发去函件，表示"愿以10万元购买A型设备，货到付款。"该函件的落款为"甲、乙、丙"。

2月5日，甲、乙、丙收到唐宋公司的函件，内容是"我公司看到了你们发给秦汉公司的函件。我公司现有A型设备，愿以你们对秦汉公司的报价成交。如有意购买，请在2015年2月20日前回复。"

2月20日，甲、乙、丙收到秦汉公司的回函，内容是"我公司同意你们的报价，但需先支付15%的预付款。"

2月21日，经甲、乙、丙协商，甲向唐宋公司销售经理张总打电话，表示接受唐宋公司2月5日的信函，张总表示"我们再考虑一下。"

2月25日，甲、乙、丙收到明清公司的函件，内容是"我公司看到了你们发给秦汉公司的函件。我公司现有A型设备，因公司经营出现问题，急需资金，愿以8万元的单价成交。但需先支付10%的预付款，2015年3月20前付清，余款货到支付。"

2月26日，乙、丙委托甲致电明清公司，表示"同意"。

2月28日，唐宋公司销售经理张总致电甲、乙、丙，表示"愿意接受你们于2月21日的电话内容。"甲、乙、丙表示已经无法与唐宋公司订立

合同。鉴于唐宋公司与明清公司之间存在直接竞争关系，为表示歉意，甲、乙、丙将明清公司经营出现问题、资金不足的消息告诉了张总。于是，唐宋公司有针对性地调整销售战略，导致明清公司遭受重大损失。

3月1日，甲、乙、丙分别在起草好的"A型设备买卖合同"上签字后，将合同书邮寄给明清公司。3月10日，明清公司在合同书上签字盖章。

问题：（共12分）

1. 如果秦汉公司要求甲、乙、丙支付预付款，并接受秦汉公司交付的A型设备，甲、乙、丙能否拒绝？为什么？（2分）

2. 关于甲、乙、丙与唐宋公司的协商：

（1）唐宋公司2月5日的函件，性质是什么？为什么？（2分）

（2）甲于2月21日给张总打的电话，性质是什么？为什么？（2分）

（3）张总于2月28日表示同意后，如果唐宋公司向甲、乙、丙交付A型设备，并要求甲、乙、丙支付货款，甲、乙、丙可否拒绝？为什么？（2分）

3. 关于甲、乙、丙告知唐宋公司有关明清公司经营情况一事：

（1）明清公司能否请求甲、乙、丙承担损害赔偿责任？为什么？（2分）

（2）明清公司能否请求唐宋公司承担缔约过失责任？为什么？（2分）

▷ **核心考点**

要约　承诺　承诺期间　缔约过失责任

✎ **答题区**

答题要点

1. 可以。(1分) 秦汉公司2月20日的回函，对甲、乙、丙要约的内容作了实质性变更，构成新要约，而甲、乙、丙并未对此作出承诺，故买卖合同未成立。秦汉公司不享有买卖合同的债权。(1分)

2. (1) 要约。(1分) 因为唐宋公司并非受要约人，无权承诺。(1分)

(2) 新要约。(1分) 因为甲、乙、丙的接受表示，构成迟发迟到，为新

要约。（1分）

（3）可以。（1分）甲、乙、丙于2月21日发出口头要约，张总未及时承诺，承诺期间届满。故张总于2月28日所作的同意表示，性质为新要约。因买卖合同未成立，唐宋公司不享有买卖合同的债权。（1分）

3.（1）可以。（1分）甲、乙、丙泄露缔约对方的商业秘密，应承担缔约过失责任。（1分）

（2）不可以。（1分）缔约过失责任以缔约双方为主体要件，而唐宋公司与明清公司之间不存在缔约关系。（1分）

【案情】

因甲、乙、丙未如约向明清公司支付设备预付款，明清公司遂拒绝交付A型设备。在索要预付款的同时，明清公司于2015年5月20日将设备出租给金华公司，租期1年。5月1日，长乐公司成立。长乐公司于6月10日向明清公司支付预付款，明清公司于6月15日向长乐公司表示：待金华公司租期届满后，长乐公司直接向金华公司请求返还设备，长乐公司应支付的余款再减少1万元。长乐公司表示同意。6月25日，明清公司将此事通知了金华公司。

2016年1月20日，长乐公司与金华公司订立买卖合同，约定长乐公司以5万元的价格购买金华公司货物，金华公司应于2016年2月1日交货，长乐公司应于2月15日付款。2月1日，金华公司将货物交付予长乐公司委托的承运人顺水货运公司，顺水公司运往长乐公司途中，货物因泥石流毁损。2月15日，长乐公司因未收到货物，表示拒绝支付价款。

2016年5月21日，长乐公司要求金华公司返还设备A，金华公司表示拒绝，并要求长乐公司在1个月内支付价款，否则将就设备A变价受偿。

问题：（共16分）

1. 设：甲、乙、丙在2015年3月20日前，如约支付了预付款，但明清

公司得知甲、乙、丙因面临重大诉讼，财产被法院查封。明清公司能否拒绝交付设备？为什么？（2分）

2. 因甲、乙、丙未如约支付预付款，明清公司欲提起诉讼。

（1）如果明清公司于2015年4月1日提起诉讼，以谁作为被告？为什么？（2分）

（2）如果明清公司于2015年6月1日提起诉讼，以谁作为被告？为什么？（2分）

（3）如果明清公司于2015年6月1日，根据"A型设备买卖合同"中"合同纠纷由合同签订地法院管辖"的条款，在长乐公司所在地，以长乐公司为被告提起诉讼，长乐公司能否提出管辖权异议？为什么？（2分）

3. 长乐公司自何时起，取得设备A的所有权？为什么？（2分）

4. 长乐公司能否以未收到金华公司货物为由，拒付货款？为什么？（2分）

5. 金华公司能否以长乐公司未付货款为由，拒绝返还设备A？为什么？（2分）

6. 金华公司能否主张长乐公司一个月内未付款，即就设备A变价受偿？为什么？（2分）

核心考点

不安抗辩权　设立人为设立法人订立合同的责任承担　合同签订地的认定　指示交付　买卖合同风险　留置权的成立

答题区

177

答题要点

1. 可以。（1分）由于"A型设备买卖合同"约定"货到支付余款"，现甲、乙、丙及长乐公司存在收货后无力支付余款的可能，明清公司可基于不安抗辩权，拒绝交付设备。（1分）

2.（1）甲、乙、丙。（1分）法人未成立时，设立人为设立法人所实施的民事法律行为，由设立人承担连带责任。（1分）

（2）可以甲、乙、丙为共同被告，也可以长乐公司为被告。（1分）设立人以"自己名义"为设立法人所实施的民事法律行为，法人成立后，相对人可以选择由设立人或法人承担责任。（1分）

（3）可以。（1分）书面合同未约定合同签订地的，以实际签字盖章地为准。实际签字盖章地不在同一地点的，以最后的签字盖章地（明清公司所在地）为准。（1分）

3. 6月15日。（1分）以指示交付转移所有权的，自当事人达成让与返还请求权协议时，所有权转移。（1分）

4. 否。（1分）因为双方订立了买卖合同，且金华公司已经交货给长乐公司指定的承运人，风险已经转移给长乐公司。（1分）

5. 可以。（1分）因企业间的留置不以同一性为要件，故金华公司在长乐公司价金到期不履行时，即享有设备A的留置权。（1分）

6. 不行。（1分）留置权的催告期，不得短于60天。（1分）

练 习 31

【案情】

2015年3月1日，甲、乙、丙为设立长乐公司，向创新大厦物业发出函件，表示"愿以1万元的月租金承租创新大厦第10层办公楼，租期10年。租金预付，每年12月底前结清。"落款为"长乐公司（筹）"。同月10日，创新大厦物业回函：同意按贵公司的报价出租。同月15日，甲、乙、丙向创新大厦物业支付本年度租金后，创新大厦物业于2015年3月20日将租赁房屋交付予甲、乙、丙。

2015年4月25日，华夏银行向甲、乙、丙发出"租金缴纳通知书"，称创新大厦物业所出租的办公楼，已经于半年之前抵押给华夏银行，并办理了抵押登记手续。经华夏银行申请，该房屋已于2015年1月10日被法院查封，故要求甲、乙、丙向华夏银行支付2015年5月份以后的租金。甲、乙、丙以已经将租金交付给了创新大厦物业为由，表示拒绝。2016年12月1日，华夏银行再次致函甲、乙、丙，以相同理由要求其支付2016年的租金，甲、乙、丙以长乐公司已经成立为由，再次表示拒绝。

2017年2月，华夏银行申请法院实行抵押权，法院拟将创新大厦物业所出租的房屋拍卖，并在拍卖前1周向长乐公司发出书面通知。长乐公司未予理睬。大路公司通过拍卖获得该房，法院出具"拍卖成交裁定书"，并向大路公司送达。2017年3月，大路公司向长乐公司发出书面通知，要求其搬离房屋。长乐公司当即表示拒绝，并向法院提出申请，主张优先购买权。

问题：（共12分）

1. 华夏银行是否有权请求甲、乙、丙向其交付2015年5月份以后的租金？为什么？（2分）

2. 华夏银行是否有权请求甲、乙、丙向其交付2016年的租金？为什

么？（2分）

3. 大路公司对拍得房屋是否享有所有权？为什么？（2分）

4. 长乐公司可否主张优先购买权？为什么？（2分）

5. 长乐公司可否主张买卖不破租赁的保护？为什么？（2分）

6. 甲、乙、丙能否拒绝华夏银行 2016 年 12 月 1 日的请求？为什么？（2分）

核心考点

抵押物孳息收取　设立人为设立法人订立合同的责任承担　基于拍卖成交裁定书引起的物权变动　优先购买权的限制　买卖不破租赁的限制

答题区

　答题要点

1. 否。（1分）抵押物查封扣押后，抵押权人收取法定孳息，需要以通知法定孳息义务人为条件。甲、乙、丙未接到通知时，已经将2015年全年租金交付予创新大厦物业，故不再对华夏银行承担交付租金义务。（1分）

2. 否。（1分）甲、乙、丙系以长乐公司名义订立的租赁合同，长乐公司成立后，应由长乐公司承担租金债务。（1分）

3. 是。（1分）拍卖成交裁定书送达买受人后，物权变动，故大路公司已经是该房屋的所有权人。（1分）

4. 否。（1分）房屋承租人未参加拍卖的，不得再主张优先购买权。（1分）

5. 否。（1分）该房屋在出租之前，已经抵押给了华夏银行，并办理了抵押登记手续。（1分）

6. 可以。（1分）设立人以"法人名义"为设立法人所实施的民事法律行为，法人成立后，由法人承担民事责任。（1分）

图书在版编目（ＣＩＰ）数据

张翔讲民法/张翔编著. —北京：中国政法大学出版社，2020.8
（主观题冲刺一本通）
ISBN 978-7-5620-9564-4

Ⅰ.①张… Ⅱ.①张… Ⅲ.①民法－中国－资格考试－自学参考资料 Ⅳ.①D923

中国版本图书馆 CIP 数据核字(2020)第 062856 号

出 版 者	中国政法大学出版社
地　　址	北京市海淀区西土城路 25 号
邮寄地址	北京 100088 信箱 8034 分箱　邮编 100088
网　　址	http://www.cuplpress.com (网络实名：中国政法大学出版社)
电　　话	010-58908285(总编室) 58908433 （编辑部） 58908334(邮购部)
承　　印	北京铭传印刷有限公司
开　　本	720mm×960mm　1/16
印　　张	12.5
字　　数	205 千字
版　　次	2020 年 8 月第 1 版
印　　次	2020 年 8 月第 1 次印刷
定　　价	47.00 元

厚大法考（北京）2020年客观题面授教学计划

班次名称		授课时间	标准学费（元）	阶段优惠(元)			备注
				7.10前	8.10前	9.10前	
延期脱产系列	主客一体全程班	7.5~10.25	22800	16800	已开课		本班配套讲义
	暑期精英班	7.5~8.31	10800	8880	已开课		
	主客一体提分班	9.3~10.25	11800	8800	9300	9800	
冲刺系列	点睛冲刺班	10.18~10.25	5680	4180	4380	4580	

其他优惠：
1. 多人报名可在优惠价格基础上再享团报优惠：2人（含）以上报名，每人优惠100元；3人（含）以上报名，每人优惠200元；5人（含）以上报名，每人优惠300元。
2. 厚大面授老学员报名在阶段优惠基础上再享延期脱产系列优惠500元，点睛班次无优惠。
3. 厚大非面授老学员报名再享100元优惠。

厚大法考（北京）2020年主观题面授教学计划

班次名称		授课时间	标准学费（元）	阶段优惠(元)		
				7.10前	8.10前	9.10前
大成系列	主观暑期班	9.3~11.1	19800	15300	15800	16300
	主观集训A班	9.3~11.24	29800	20800	21800	22800
	主观集训B班	9.3~11.24	29800	签订协议；不过退费1万元；协议班次无优惠；专属辅导，小班批阅。		
	主观特训A班	10.12~11.24	24800	18800	19300	19800
	主观特训B班	10.12~11.24	24800	签订协议；不过退费1万元；协议班次无优惠；专属辅导，小班批阅。		
	主观短训A班	11.4~11.24	19800	9800	10300	10800
	主观短训B班	11.4~11.24	19800	签订协议；不过全退；协议班次无优惠；专属辅导，小班批阅。		
冲刺系列	主观决胜班	11.14~11.24	10800	6980	7480	7980
	主观密训营	11.18~11.24	9800	5580	6080	6580

其他优惠：
1. 3人（含）以上团报，每人优惠200元；5人（含）以上团报，每人优惠300元；8人（含）以上团报，每人优惠400元。
2. 厚大面授老学员（2018、2019届）报班享阶段性优惠减500元，可适用团报，其他优惠不再享受。
3. 公、检、法工作人员凭工作证报名享阶段性优惠减300元，可适用团报，其他优惠不再享受。
4. 其他机构学员凭报名凭证享阶段优惠减300元，可适用团报，其他优惠不再享受。
5. 协议班次不适用以上优惠政策。

【总部及北京分校】北京市海淀区苏州街20号银丰大厦2号楼2层厚大教育　咨询热线：4009-900-600转1

厚大法考APP　　厚大法考官微　　厚大法考官博　　北京厚大法考官博　　北京厚大法考官微

厚大法考（郑州）2020年客观题面授教学计划

班次名称		授课模式	授课时间	标准学费（元）	阶段优惠(元)				备注
					7.10前	8.10前	9.10前	10.10前	
轩成系列	轩成集训班A模式（视频+面授）	全日制	6.17~10.25	14800	11880	已开课			本班配套图书及随堂资料
	轩成集训班B模式（视频+面授）	全日制		14800	B模式无优惠，座位优先安排，导学师跟踪辅导，限额招生。				
暑期系列	暑期全程VIP班（面授）	全日制	7.5~11.25	33800	签订协议；主客一体，2020年客观题意外未通过退23800元，主观题意外未通过退16800元；优先安排特定区域座位、督促辅导、定期抽背，限额招生10人。				
	暑期全程班A模式（面授）	全日制		18800	签订协议；2020年客观题意外未通过退10000元；优先安排特定区域座位、督促辅导、定期抽背。				
	暑期全程班B模式（面授）	全日制	7.5~10.25	13800	B模式无优惠，主客一体，督促辅导、名师面授、高性价比。（备注：客观题成绩合格，凭成绩单可免费读主观题短训班）				
	暑期全程班C模式（面授）	全日制		13800	11380	已开课			
	暑期精英班（面授）	全日制	7.5~9.1	9380	8380	已开课			
冲刺系列	冲刺突破班A模式（面授）	全日制	9.3~11.25	10880	A模式无优惠，主客一体，座位优先安排，导学师跟踪辅导，限额招生。（备注：客观题成绩合格，凭成绩单可免费读主观题短训班）				
	冲刺突破班B模式（面授）	全日制	9.3~10.25	8380	6880	7380	7880	已开课	
	点睛冲刺班	全日制	10.18~10.25	5680	4080		4580		

其他优惠：

1. 多人报名可在优惠价格基础上再享团报优惠：3人（含）以上报名，每人优惠180元；5人（含）以上报名，每人优惠280元；8人（含）以上报名，每人优惠380元。
2. 厚大法考往届老学员在阶段优惠基础上再优惠500元，不再享受其它优惠，点睛班次和协议班次无优惠。
3. 厚大非面授老学员报名再享100元优惠。

【郑州分校】郑州市龙湖镇（南大学城）泰山路与107国道交叉口东50米路南

招生热线：17303862226 杨老师　19939507026 李老师

厚大法考APP　　厚大法考官微　　厚大法考官博　　QQ群二维码　　郑州厚大法考面授分校官博　　郑州厚大法考面授分校官微

厚大法考（郑州）2020年主观题面授教学计划

班次名称		授课模式	授课时间	标准学费(元)	阶段优惠(元)				备注
					7.10前	9.10前	10.10前	11.10前	
大成系列	主观暑期班	视频+面授	7.5~9.1	9800	8880	已开课			本班配套图书及随堂资料
	主观集训A班	视频+面授	7.5~11.25	29800	12880	已开课			
	主观集训B班	视频+面授		29800	签订协议无优惠，意外未通过退17800元，专属辅导、小班批阅。				
	主观特训A班	视频+面授	8.10~11.25	24800	11380	11880	12380	已开课	
	主观特训B班	视频+面授		24800	签订协议无优惠，意外未通过退13800元，专属辅导、小班批阅。				
	主观冲刺A班	视频+面授	9.5~11.25	22800	10380	10880		已开课	
	主观冲刺B班	视频+面授		22800	签订协议无优惠，意外未通过退12800元，专属辅导、小班批阅。				
冲刺系列	主观突破A班	视频+面授	10.8~11.25	21800	9880	10380	10880	已开课	
	主观突破B班	视频+面授		21800	签订协议无优惠，意外未通过退11800元，专属辅导、小班批阅。				
	主观短训班	面授	11.4~11.25	19800	9380	9880	10380	10880	
	主观决胜班	面授	11.14~11.25	16800	6880	7380	7880	8380	
	主观密训营	面授	11.19~11.25	9800	5080	5580	6080	6580	

其他优惠：

1. 多人报名可在优惠价格基础上再享团报优惠：3人（含）以上报名，每人优惠180元；5人（含）以上报名，每人优惠280元；8人（含）以上报名，每人优惠380元。

2. 厚大法考往届老学员在阶段优惠基础上再优惠500元，不再享受其它优惠，点睛班次和协议班次无优惠。

3. 厚大非面授老学员报名再享100元优惠。

【郑州分校】 郑州市龙湖镇（南大学城）泰山路与107国道交叉口东50米路南

招生热线：17303862226 杨老师　19939507026 李老师

厚大法考APP

厚大法考官微

厚大法考官博

QQ群二维码

郑州厚大法考
面授分校官博

郑州厚大法考
面授分校官微

厚大法考 2020 年（华东区）客观题面授延期新增教学计划

系列	班次名称	上课地点	授课时间	标准学费（元）	阶段优惠（元）			备注
					7.10前	8.10前	9.10前	
至尊系列	至尊私塾班	上海	全年招生，随报随学	19.9万	自报名之日至通关之时，学员全程全方位享受厚大专业服务，私人定制，讲师私教，小组辅导，大班面授，专属自习室，多轮饮，高效率系统学习，主客一体，协议保障，让你法考无忧。			
延期新增脱产系列	客观暑期精英班	上海,南京,杭州	7.9~9.1	8980	8080	已开课	已开课	本班配套图书及内部资料
	主客一体全程班优惠模式	上海,南京,杭州	7.9~10.25	22800	16800	已开课		
	主客一体全程班VIP模式			22800	VIP模式无优惠，10人专属自习室，导学师跟踪辅导，限额招生。			
	主客一体全程班退费模式			39800	退费模式无优惠，客观题不过退30000元，过关奖励9800元，专业化辅导，10人专属自习室，导学师跟踪辅导，限额招生10人。			
主客一体系列	主客一体精英班	上海,南京,杭州	7.9~10.16	19800	13800	已开课		
	主客一体特训班	上海,南京,杭州	8.11~10.25	15800	11800	12800		
	主客一体提分班	上海,南京,杭州	9.1~10.25	11800	8800	9800		
延期新增周末系列	主客一体周末特训班	上海,南京,杭州	7.4~10.25	13800	9800	已开课		
	主客一体周末精英班	上海,南京,杭州	7.4~10.16	9800	7800	已开课		
	主客一体周末提分班	上海,南京,杭州	8.29~10.25	9800	6800	7800	8800	
冲刺系列	点睛冲刺班优惠模式	上海,南京,杭州	10.17~10.25	4580	4180	4580		
	点睛冲刺班退费模式	上海,南京,杭州	10.17~10.25	7980	退费模式无优惠，客观题不过全退。			

其他优惠：
1. 多人报名可在优惠价格基础上再享团报优惠：3人（含）以上报名，每人优惠200元；5人（含）以上报名，每人优惠300元；8人（含）以上报名，每人优惠500元。
2. 厚大非面授老学员报名再享100元优惠。

【市区办公室】上海市静安区汉中路158号汉中广场1214室 咨询热线：021-61070881/61070880
【松江教学基地】上海市松江大学城文汇路1128弄双创集聚区三楼301室 咨询热线：021-67663517

【南京教学基地】南京市鼓楼区汉中路108号金轮大厦10C2室 咨询热线：025-84721211/86557965
【杭州教学基地】浙江省杭州市江干区下沙2号大街515号智慧谷大厦1009室 咨询热线：0571-28187005/28187006

厚大法考官博　上海厚大法考官博　南京厚大法考官博　杭州厚大法考官博

厚大法考（上海）2020年主观题教学计划

系列	主观题班次	时　间	标准学费（元）	7.10前（元）	8.10前（元）	9.10前（元）
至尊系列	九五至尊班	5.5~11.24	19.9万	①协议班次无优惠，订立合同；②赠送单人间住宿；③2020年主观题考试若通过，奖20000元；④2020年主观题考试若未过关，全额退还学费，再返10000元。		
			（专属6人自修室）			
			9.9万	①协议班次无优惠，订立合同；②赠送单人间住宿；③2020年主观题考试过关，奖励10000元；④2020年主观题考试若未过关，免学费重读2021年客观题大成集训班+2021年主观题短训班。		
			（专属6人自修室）			
	至尊私塾班	6.5~11.24	69800	已开课		
			（专属10人自修室）			
	主观至尊班	6.25~11.24	59800	45800	已开课	
			（专属10人自修室）			
大成系列	主观长训A班	6.25~11.24	39800	34800	已开课	
	主观长训B班	6.25~11.24	39800	①重读模式无阶段优惠，订立合同；②2020年主观题若未过关，免学费重读2021年客观题大成集训班+2021年主观题决胜班。		
	主观暑期班	7.25~8.31	19800	13800	已开课	
	主观集训班	7.25~11.24	33800	25800	已开课	
	主观特训A班	8.5~11.24	31800	22800	23800	已开课
	主观特训B班	8.5~11.24	31800	①重读模式无阶段优惠，订立合同；②2020年主观题若未过关，免学费重读2021年客观题暑期全程班+2021年主观题决胜班。		
	主观高效提分A班	9.1~11.24	26800	17800	18800	19800
	主观高效提分B班	9.1~11.24	26800	①协议班次无优惠；②专属辅导，一对一批阅；③赠送10人专属自修室。		
	主观短训A班	10.12~11.24	17800	10800	11800	12800
	主观短训A班VIP模式	10.12~11.24	17800	①协议班次无优惠；②专属辅导，一对一批阅；③赠送10人专属自修室。		
	主观突破班	10.12~11.17	10800	5980	6980	7980
	主观突破班VIP模式	10.12~11.17	10800	①协议班次无优惠；②专属辅导，一对一批阅；③赠送10人专属自修室。		

系列	主观题班次	时　　间	标准学费（元）	7.10 前（元）	8.10 前（元）	9.10 前（元）
冲刺系列	主观短训 B 班	11.4~11.24	13800	8800	9800	10800
	主观短训 B 班 VIP 模式	11.4~11.24	13800	①协议班次无优惠；②专属辅导，一对一批阅；③赠送 10 人专属自修室。		
	主观决胜班	11.13~11.24	10800	6980	7480	7980
	主观点睛班（原国庆密训营）	11.17~11.24	8800	5480	5980	6480
	主观点睛班（退费模式）	11.17~11.24	10800	协议班次无优惠，主观题不过全退。		
周末系列	主观周末全程班	3.14~11.24	25800	已开课		
	主观周末精英班	3.14~11.24	19800	已开课		
	主观周末特训班	7.11~11.24	22800	16800	已开课	
	主观周末提分班	8.29~11.24	16800	9800	10800	11800

其他优惠：

1. 多人报名可在优惠价格基础上再享团报优惠：3 人（含）以上报名，每人优惠 200 元；5 人（含）以上报名，每人优惠 300 元；8 人（含）以上报名，每人优惠 500 元。

2. 厚大面授老学员报名再享 9.5 折优惠。

3. 厚大非面授老学员报名再享 100 元优惠。

【市区办公室】上海市静安区汉中路 158 号汉中广场 1214 室　　咨询热线：021-61070881/61070880

【松江教学基地】上海市松江大学城文汇路 1128 弄双创集聚区三楼 301 室　　咨询热线：021-67663517

厚大法考（深圳）2020 年主观题面授教学计划

班次名称		授课时间	标准学费（元）	阶段优惠(元)		
全日制(脱产)系列				7.10 前	8.10 前	9.10 前
冲刺系列	主观短训 B 班	客观题成绩出来后 3 日~主观题考前 5 日	16800	8800	9300	9800
	主观密训营	主观题考前 12 日~主观题考前 5 日	9800	5480	5980	6480

其他优惠：

1. 3 人（含）以上报名，每人优惠 200 元；5 人（含）以上报名，每人优惠 300 元；8 人（含）以上报名，每人优惠 500 元。

2. 厚大面授老学员报名享九折优惠，厚大非面授老学员报名享 200 元优惠。

3. 2020 届厚大面授客观精英班以上（含）班次学员加报主观短训 B 班或者主观密训营，享八折优惠。

【深圳分校】深圳市罗湖区解放路 4008 号深圳大学继续教育学院 B 座 11 楼　0755-22231961

厚大法考 APP

厚大法考官博

上海厚大法考官博

深圳厚大法考官微